Distribution

Pour le Canada:

Les messageries ADP
955, rue Amherst
Montréal (Québec)
H2L 3K4
Tél.: (514) 523-1182

Pour la France:

Dilisco
122, rue Marcel Hartmann
94200 Ivry-sur-Seine
France
Tél.: (1) 49 59 50 50

Pour la Belgique:

Vander, s.a.
321, avenue des Volontaires
B-1150 Bruxelles (Belgique)
Tél.: (32-2) 762 9804

Pour la Suisse:

Diffusion Transat, s.a.
Route des Jeunes, 4ter
Case postale 1210
CH-1211 Genève 26
Tél.: (022) 342 7740

Objectif:
Réussir sa vie et dans la vie!

Données de catalogage avant publication (Canada)

Durand, Richard, 1946-

    Objectif: Réussir sa vie et dans la vie!

    ISBN 2-89225-311-X

    1. Succès. 2. Visualisation. 3. But (Psychologie). I. Titre.

BJ1612.D87 1997   158   C97-940145-3

Tous droits de reproduction, de traduction et d'adaptation réservés pour tous les pays: Les éditions Un monde différent ltée

Dépôts légaux: 1er trimestre 1997
Bibliothèque nationale du Québec
Bibliothèque nationale du Canada
Bibliothèque nationale de France

Conception graphique de la couverture:
SERGE HUDON

Avec la collaboration à la rédaction:
UPARATHI

Études et recherches:
NADINE MURTADA

Révision:
ALBERT CAYA

Photocomposition et mise en pages:
COMPOSITION MONIKA, QUÉBEC

ISBN 2-89225-311-X

Richard Durand

Objectif:
Réussir sa vie et dans la vie!

Les éditions Un monde différent, ltée
3925, Grande-Allée
Saint-Hubert (Québec), Canada
J4T 2V8

Collection

ROMANS D'INSPIRATION

CHEZ LE MÊME ÉDITEUR

Dans la même collection:

À la douce mémoire de OG MANDINO

Og, depuis le 3 septembre 1996, tu nous as quittés.

Sache, et tu le sais au fond, qu'une partie de ce livre t'appartient. Tu as su par tes conseils, ton accompagnement et ton amitié de ces dix dernières années, faire en sorte que je réalise un autre de mes objectifs.

Richard

Remerciements

crire un livre se fait rarement sans le précieux concours de plusieurs personnes. Je voudrais ici souligner et remercier de tout mon cœur certaines de ces personnes qui, d'une façon ou d'une autre, à un moment ou à un autre de ma vie ont su contribuer à la réalisation de ce livre:

Michel Brais, Gabrielle Briand, Albert Caya, André Chaput, Michel Ferron, Louis Garneau, Daniel Harvey, Serge Hudon, Lise Labbé, Gilles Lanthier, Jean-Marc Léger, Jean-René Marchand, Dave Michaud, Nadine Murtada, Michel Sentenne, Uparathi, Marcel Vienneau et surtout, Marie-Claude Proulx, pour son support inconditionnel.

Richard Durand

Table des matières

Préface

*F*ace aux changements précipités et à la recherche de la suprarentabilité, les exigences du marché du travail pèsent lourdement sur chacun: que ce soit par des heures de travail accrues ou un rythme accéléré. Devant cette réalité, il devient important de ne pas laisser ces pressions externes nous imposer la direction à donner à notre vie. Il n'y a rien de pire que de monter pendant 20 ans sur une échelle pour s'apercevoir au bout du compte qu'on s'est trompé d'échelle!

Dans ce contexte, la fixation d'objectifs et la visualisation constituent des outils précieux qui permettent à l'individu de prendre sa place telle qu'il a la volonté de s'inventer. Ces outils nous introduisent dans un processus de changement, qui force une réflexion sur l'importance d'intégrer les différentes sphères de notre vie professionnelle, familiale et personnelle, par la recherche d'un équilibre satisfaisant.

Devant l'importance que notre société accorde à réussir dans la vie, ce livre nous rappelle aussi l'importance de réussir sa vie. À l'intérieur d'une société qui valorise le Faire et l'Avoir, nous avons aussi besoin de nous rappeler que la seule façon de nous réaliser, c'est d'Être.

Cette démarche, Richard Durand nous la fait vivre à travers les yeux de son personnage, chez qui vous reconnaîtrez sans doute quelques proches ou peut-être... un petit peu de vous-même! Par une combinaison originale de roman et de présentation théorique, ce livre constitue un survol agréable des principes de la fixation d'objectifs, des théories de la motivation ainsi que de la visualisation. La force de cet ouvrage est notamment de rendre accessibles à tous les résultats de plusieurs années de recherches.

Bref, ce livre, c'est l'aboutissement d'une rencontre entre la recherche, la pratique et la vie. Une rencontre qui changera sûrement certaines de vos perspectives!

Nadine Murtada
Psychologue industrielle

Prologue

— Monsieur Lajoie?

— Oui, Claudette.

— Monsieur Richard Massé, pour vous, au bout du fil.

— Merci.»

Armand Lajoie, président-directeur général d'une entreprise de vêtements de sport, cheveux grisonnants, mâchoires serrées, saisit d'une main ferme le combiné de l'appareil posé sur son immense bureau en teck; sous ses yeux, un seul dossier. Pour dire vrai, il attend cet appel avec une impatience mêlée de crainte. La main sur le récepteur, il respire à fond, décroche et dit d'un ton enjoué:

— Bonjour, comment vas-tu?

— Très bien, merci, et toi, cher Armand?

— Ça va très bien aussi, mais je me sentirais beaucoup mieux si tu avais de bonnes nouvelles pour moi. Est-ce le cas?

— Je le voudrais bien, mon vieux, mais, hélas! non. Après un examen approfondi de ton bilan...

— Oui, je sais, j'en ai déjà présenté de meilleurs, mais nous subissons comme tout le monde les contrecoups de cette crise économique interminable. Par conséquent, les temps sont durs pour nous aussi. Je traverse une période un peu difficile, c'est vrai, mais ne t'inquiète pas, tout va bientôt s'arranger!

— Je veux bien te croire, Armand, mais tu n'es pas le seul client qui éprouve quelques difficultés. Je gère une entreprise, je suis donc responsable des intérêts de tous nos membres et soucieux de leurs avoirs aussi. C'est pourquoi à la dernière réunion du conseil d'administration, nous avons analysé longuement et avec soin ton dernier exercice financier. Nous avons également examiné ta situation sous tous ses angles, et si celle-ci ne s'améliore pas très rapidement, nous devrons cesser de te faire crédit, voire même t'enlever ta marge de sécurité.»

Un silence lourd de sens plane, puis Armand demande:

— De combien de temps je dispose?»

La voix du banquier, tour à tour dynamique et grave, se voile soudain.

— Soixante jours tout au plus. Je suis désolé.»

Incapable de dissimuler son malaise – décidément, ce genre de formalité ne lui est jamais facile – le directeur général de la caisse tente de redonner un peu d'élan à cette conversation pour le moins pénible.

«As-tu repensé à mes dernières suggestions?»

Encore un peu secoué, et pour se permettre de reprendre ses esprits, l'homme d'affaires se racle la gorge et parvient à raffermir le ton de sa voix:

«Excuse-moi, je ne me rappelle pas vraiment...

— Eh bien! c'est l'évidence même, tu as besoin d'un plan de redressement! Je t'ai parlé d'un programme traitant de la nécessité de se fixer des objectifs précis – tant au plan personnel qu'au plan professionnel – tu n'as sûrement pas pu l'oublier?

— Ah oui! je me souviens maintenant. Et toi, te rappelles-tu ma réponse? Je t'ai dit de ne pas tout mêler. Ma vie professionnelle, c'est une chose, mais ma vie personnelle en est une autre. De toute façon, elle se porte bien, je t'assure.»

Sans trop vouloir insister, le banquier, en diplomate-né, cherche à tempérer sa proposition.

— J'en suis certain, Armand. Je voulais juste te préciser la teneur du programme: il ne néglige vraiment aucun aspect. Selon moi, il te donnerait certains éléments de solutions.»

Agacé, Armand ne retient pas une pointe d'ironie:

— Écoute, je vois ça d'ici. J'ai en effet entendu parler de ton conférencier, un de ces motivateurs plutôt populos habile à encourager qui veut l'entendre, à la va comme je te pousse, en disant: "Vas-y, t'es capable!", sans pour autant mesurer toutes les conséquences de ses paroles. Car, pour ces gens-là, les miracles semblent monnaie courante.

«Si tu veux mon opinion, Richard, ce style est complètement dépassé. D'ailleurs, toutes les conditions sont déjà réunies: je suis très motivé, merci! De plus, ton appel ajoute déjà à ma motivation et je me mets tout de suite au travail concernant ce plan de redressement. Tu le sais, j'en ai vu d'autres, et j'ai toujours fait partie des battants. Tu verras, je m'en sortirai encore cette fois-ci.

— Là n'est pas la question, Armand, j'ai entièrement confiance en tes capacités, mais je t'en prie, réfléchis-y; le conférencier est tout à fait «branché» sur la réalité, il est direct, fort bien documenté, ses exemples sont concrets et, ce qui ne gâche rien, il a un bon sens de l'humour.

«J'ai moi-même retenu ses services pour une journée de formation donnée aux employés de la caisse et l'expérience fut des plus convaincantes. Je ne veux pas te presser, mais je tiens à protéger nos intérêts dans cette affaire, tu sais. Ton entreprise bénéficierait sans aucun doute de son expérience. Fais au moins l'effort d'aller l'entendre en conférence, il en donne justement une bientôt. Je t'ai d'ailleurs fait parvenir son horaire. Tu pourrais te rendre compte par toi-même et juger ensuite si cet apprentissage est intéressant pour tes affaires.

— Tu as peut-être raison, oui. Écoute, pour le moment je te laisse, j'ai un boulot fou et un plan de redressement à élaborer!

— D'accord, je comprends, j'abuse déjà trop de ton temps. À bientôt! Et n'hésite surtout pas à communiquer avec moi si tu as besoin d'un renseignement ou d'une aide quelconque. Tu sais où me trouver?»

Après un bref salut plutôt sec, Armand raccroche. Il se cale dans son fauteuil dont le dossier à lui seul en impose, les mains jointes sur son ventre légèrement bedonnant, il songe avec amertume: *Beau parleur, va. À quoi ça sert d'entretenir les meilleures relations d'affaires du monde? Quand surviennent les vrais coups durs, elles disparaissent tels des fantômes!*

Dans le silence de son immense bureau aux teintes chaudes, Armand en est à l'heure des constats. Que lui est-il arrivé? Tout ici témoigne pourtant de sa réussite: ce vaste aquarium qui couvre tout un mur, ces tableaux originaux rapportés d'Europe qui rehaussent l'éclat des autres, le splendide mobilier auquel s'harmonisent les plantes dont sa secrétaire s'occupe avec amour; vraiment, l'ensemble est parfaitement agencé, le décor, luxueux, tout en nuances.

Armand fait pivoter son fauteuil, et, de la grande fenêtre du 32e étage, une vue imprenable sur le centre-ville de Montréal s'offre à son regard désabusé. Il se lève et s'approche de cette baie vitrée, le dos légèrement voûté, les mains dans les poches de son pantalon de bonne coupe. La neige fraîchement tombée empreint la ville d'un charme poétique semblant inhabituel au cadre familier des immeubles de bureaux et des gratte-ciel du monde des affaires. Armand ne prend guère plaisir à contempler tout cela aujourd'hui. *Les temps sont vraiment durs*, songe-t-il.

Son entreprise d'envergure internationale a pourtant atteint de nouveaux sommets depuis l'implantation d'une succursale en France, il y a à peine deux ans! Bien sûr, une solide équipe l'entoure maintenant, mais ce succès, c'est d'abord le fruit de ses efforts. Il ne doit sa réussite matérielle et sociale qu'à lui-même. *«Je me suis fait tout seul, à la force du poignet»*, comme disait mon père. *«Qu'ai-je donc à me reprocher? J'ai très largement pourvu aux besoins de ma femme et de ma fille, et je dirais même grassement d'ailleurs! Elles baignent toutes les deux dans le luxe, jamais je ne leur ai refusé quoi que ce soit.»*

Mais voilà, tout s'écroule. Non, sa vie professionnelle n'est pas seule en cause. Il a menti tout à l'heure à son directeur de caisse. Son état de santé chancelle, ses malaises cardiaques le reprennent depuis quelques semaines. Certes, son taux de cholestérol qui grimpe en flèche – tout le contraire du rendement de son entreprise – n'est pas étranger à ces défaillances; ses soucis non plus. Il est à peine âgé de 50 ans et déjà ses énergies flanchent, le trahissent. Il doit réagir! Il y a tout juste trois mois, un infarctus lui a ravi son meilleur vice-président. Le pauvre n'a malheureusement pas eu, lui, son préavis de 60 jours! La vie en a décidé autrement.

Comment annoncer cette catastrophe à Fernande? Pour ne pas l'inquiéter inutilement, il ne lui a parlé de rien. À vrai dire, depuis quelque temps, elle pose sur lui un regard décidément moins admiratif. Pour être tout à fait honnête, il répugne à l'idée de se sentir déprécié à ses yeux. Et, comme les vagues viennent à bout du rocher le plus résistant, les années passent impitoyablement et grugent leur relation de l'intérieur. Fernande semble beaucoup moins attirée, mais, poussons la franchise jusqu'au bout, elle est aussi moins attirante.

Armand se palpe doucement l'abdomen. *Il ne me manquerait plus qu'un ulcère à l'estomac*, songe-t-il ironiquement. À peine ose-t-il définir le sentiment qui germe en lui. La peur l'envahit. Il a honte.

Seul du haut de sa tour vacillante, il se sent traqué, vulnérable, et surtout impuissant.

Première partie

En théorie...

Chapitre 1

Quand la science s'en mêle

*D*epuis son départ pour les vieux pays, Armand n'a pas perdu son temps. Les multiples et longues séances de travail avec son conseil d'administration parisien, sans oublier le décalage horaire, l'ont exténué. Et même s'il cherche à la dissimuler, ses yeux rougis n'en trahissent pas moins sa fatigue.

Grâce au ciel, il a toutefois sombré dans un profond sommeil dont les manœuvres d'atterrissage du 747 parvinrent à le tirer. Celui-ci vient juste de se poser sur la piste de Mirabel, ce jeudi 28 mars, à 13 h 15, heure prévue de l'arrivée. Tout en rangeant rapidement ses documents, Armand se demande quelle sera la réaction de Richard Massé face au lancement d'une campagne publicitaire en France. Trouvera-t-il cette démarche conciliable avec l'implantation d'un plan de redressement?

Après avoir répondu assez rapidement aux formalités de la politique douanière, il aperçoit avec plaisir le visage de Raymond, son chauffeur, auquel il délègue la corvée des bagages. Le tapis diplodocus commence à peine à les livrer dans l'aérogare. Il s'empresse de gagner la limousine et se rase vivement. Puis il téléphone à Claudette, sa fidèle secrétaire, et la prévient de son arrivée. Comme il fallait s'y attendre, le travail s'est accumulé durant son absence. Arrivera-t-il à se libérer à temps pour dîner avec Fernande? Peu importe au fond, ce qui compte bien davantage, c'est de pouvoir se coucher tôt! Faute d'avoir pu assister à la conférence que lui recommandait Richard

Massé, il doit participer dès le lendemain à un séminaire d'une journée pour voir dans quelle mesure cela pourrait aider son entreprise. *Une journée complète!* Au moment où Raymond le rejoint, il est découragé.

«Monsieur a fait bon voyage?

— Oui, Raymond, mais je ne vous cache pas qu'il était plutôt fatigant!

— Je le pense bien, monsieur. Voici vos journaux. Voulez-vous être conduit au bureau?»

Armand acquiesce d'un signe de tête et la voiture démarre lentement. Tout en feuilletant le *Journal des affaires*, il jette un coup d'œil sur la nuque de son chauffeur impassible, lui toujours calme et attentif. Eh bien! aujourd'hui surtout, Armand n'est pas sans l'envier!

En séminaire

Le matin venu, encore sous l'effet du décalage horaire et transi en raison de la différence de température entre Montréal et Paris, Armand ne sent pas cette fièvre du printemps qu'il éprouve d'habitude au mois de mars. Au contraire, sa forte impression pour le moment, c'est que l'hiver n'en finit plus de finir. La ville en porte d'ailleurs le poids: la grève des employés au service du déneigement y contribue largement, il y de la neige partout. Armand, en bon gestionnaire, manifeste sa contrariété: «*On ne paie pas assez cher de taxes, non? Je les remettrais vite au travail, moi, ces gaillards!*»

En attendant, à peine voit-on dans les rues de Montréal les maisons alignées, comme au garde-à-vous, tellement les congères les dérobent aux regards. Même les cris joyeux des enfants, ces charmants complices des joies de l'hiver, parviennent à l'irriter. Au fait, depuis quand n'a-t-il pas ri comme un enfant?

Raymond le dépose devant la porte de l'hôtel où a lieu le séminaire. Après avoir pataugé tant bien que mal dans la gadoue du trottoir, Armand parvient enfin clopin-clopant au hall. En tendant son manteau à la préposée au vestiaire, il remarque sa chemise trempée de sueur, signe désagréable de sa piètre condition physique.

Quelque peu embarrassé, Armand repère une place libre au milieu de la salle et cherche à s'y faufiler discrètement. Ironie du sort, lui, ce témoignage de la réussite, cet homme d'affaires parvenu au sommet, préfère passer inaperçu à un séminaire sur la «motivation»! Puis l'animateur s'avance sur l'estrade et s'adresse à la centaine de gens d'affaires venus évaluer ce nouveau *paradigme*.

Dans les coulisses, les yeux clos, attentif à sa respiration, le conférencier se concentre. Il sent monter en lui l'adrénaline et se rappelle les conseils d'Og Mandino[1]: «*L'adrénaline est ton amie, ne la crains pas. Elle te fouette le sang, te propulse avec dynamisme. Commence à t'inquiéter le jour où elle ne se montre pas...*» Il sourit à ce souvenir et s'avance sur la tribune d'un pas assuré.

Dès l'abord, Armand est déçu de l'apparence du conférencier: de petite taille, vêtu d'un costume noir, le crâne plutôt dégarni, les sourcils en broussaille, les favoris grisonnants, le visage ridé, il ressemble à un curé. Mais dès qu'il entend ses premières paroles énergiques, cette impression s'estompe:

«Bonjour! Je suis très heureux de me retrouver avec vous ce matin. Toutefois, avant de commencer, j'aimerais attirer votre attention sur un fait bien précis: vous n'êtes pas les premiers arrivés ici aujourd'hui. Non, je ne parle pas de moi. Je pense à tous ceux qui ont préparé cet événement: les organisateurs, les préposés de salle, les techniciens, le cuisinier, le maître d'hôtel, les serveurs, les serveuses. Je tiens à souligner le concours de ces «travailleurs dans l'ombre», car, sans eux, notre rencontre ne pourrait avoir lieu. Pourquoi ne pas les remercier par des applaudissements ou, mieux encore, par une ovation debout?»

D'abord hésitants devant cette requête inattendue, les participants, sourires en coin, s'empressent de se lever, d'applaudir, puis de se rasseoir. De son côté, le conférencier leur adresse un sourire éclatant:

---

1. Auteur de plusieurs best-sellers publiés aux éditions Un monde différent, dont *Le plus grand miracle du monde.*

«Je ne vous l'ai pas dit tantôt, mais je viens de mettre en pratique un conseil donné autrefois par Og Mandino: «*Trouve un truc crédible pour faire applaudir les gens dès le début. Comme ça, tu seras sûr de les avoir entendus applaudir au moins une fois!*»

Désormais conquise, toute la salle éclate de rire tandis que le conférencier poursuit:

«Au cours des dix dernières années, j'ai eu le plaisir de côtoyer des hommes et des femmes de réussite. Désireux de connaître leur secret, je leur ai posé cette question: «À quoi attribuez-vous votre succès?» Ils m'ont tous répondu unanimement, chacun dans ses mots: «Je me suis fixé des objectifs.» C'est pourquoi je vais vous parler aujourd'hui de l'importance de se fixer des objectifs pour réussir.

À qui donc me fait penser le conférencier? se demande Armand.

«Voici le programme en cinq parties que je vous propose pour la journée. Nous commencerons d'abord par une introduction à la théorie des objectifs. Elle existe depuis belle lurette, vous verrez! Ensuite, nous prouverons de manière scientifique, études et recherches à l'appui, l'importance de s'en fixer. Nous évaluerons le pour et le contre d'un programme de gestion des objectifs. Puis, nous aborderons la notion d'équilibre; en effet, pour pouvoir parler d'une réussite à tous les points de vue, il est tout aussi important, sinon plus, de se fixer des objectifs autant personnels que professionnels. Nous comprendrons, bien sûr, pourquoi il en est ainsi. Et nous terminerons enfin avec une technique révolutionnaire à plus d'un égard: la visualisation créatrice.

C'est parti!

«Dès le début du siècle, la théorie des objectifs, issue à la fois du domaine de la gestion et de la recherche en psychologie, jumelait ces deux héritages.

«On considère Frederick W. Taylor comme le père des principes de la gestion scientifique. En 1911 – comme vous le voyez, ça ne date pas d'hier – ses principes ont en effet révolutionné la gestion de la production de telle sorte que plusieurs industries les utilisent encore.

«On lui doit par ailleurs le concept de «tâche», annonciateur de la notion d'«objectif». Monsieur Taylor définissait une tâche en ces termes: «Ce que le travailleur devait atteindre pour pouvoir recevoir en échange une prime ou une gratification.» Cette notion a joué un rôle important dans l'émergence du «Management By Objectives», M.B.O[1]. ou G.P.O.(Gestion Par Objectifs). La gestion par objectifs est, somme toute, un système de motivation et d'intégration des efforts. Ce système propose de se fixer des objectifs d'entreprise, à chaque niveau de gestion[2].

Pourquoi ne l'ai-je pas écouté? Armand se rappelle très bien maintenant. Jean-Louis, son vice-président des finances, son précieux allié aujourd'hui disparu, voulait implanter un tel programme! Jean-Louis, si perspicace, si intuitif, détenait peut-être des solutions à ses problèmes actuels. *Vraiment, j'ai perdu là un excellent cadre.* Sous l'effet de la nostalgie, Armand inspire profondément, humant par le fait même un parfum très subtil.

«En ce qui a trait à l'aspect psychologique, en 1935, le psychologue C.A. Mace menait une première recherche scientifique en psychologie dans laquelle il comparait les performances de gens s'étant fixé des buts précis et difficiles avec les performances de gens sans objectifs. Même si nous n'avons pas les résultats finals de l'étude, il est intéressant de noter l'importance que les psychologues accordaient au fait de se fixer des objectifs pour améliorer ses performances.

«Dans le domaine psychologique, le précurseur le plus direct de la fixation d'objectifs, toutefois, demeure T. A. Ryan, qui, en 1970, a observé ceci: les plans, les intentions, les tâches et les buts conscients affectent le comportement humain.»

«C'est cependant Edwin Locke qui, après mûre réflexion, propose en 1968 le premier modèle de motivation par la fixation d'objectifs. Depuis, les recherches se sont multipliées afin d'évaluer en quoi la performance peut être influencée par des objectifs bien établis. De plus, en cumulant ces recherches depuis 28 ans, nous sommes parve-

---

1. Gestion par objectifs, technique développée par Peter Drucker et Harold Smiddy.
2. R.G. Greenwood, 1981.

nus petit à petit à bâtir la théorie de la fixation d'objectifs dont je vous parle aujourd'hui.

Évidemment, songe Armand, *nous avons tous des buts. En ce qui me concerne, mon objectif d'homme d'affaires, c'est de réussir! Mais ce n'est certainement pas suffisant, si j'en juge par ma situation aujourd'hui!*»

Plutôt sceptique, il se tourne vers la personne à sa gauche, quêtant une approbation muette à ses pensées. Et, ô surprise, en réponse à sa demande silencieuse, il reçoit le sourire pourpre resplendissant d'une charmante dame, agrémenté d'un nez fin et de deux yeux bleus. Ses cheveux dorés semblent si souples qu'on a peine à réprimer l'envie irrésistible d'y toucher pour en palper la douceur. Il se détourne vite et reporte son attention sur le conférencier.

«Bon, bon, pensez-vous, il a beau invoquer le postulat à la base de sa théorie, à savoir que les objectifs constituent, entre autres, certains des régulateurs directs de l'action[1], mais en quoi est-ce crédible? Eh bien! permettez-moi de vous le prouver!

«J'ai en effet mandaté une psychologue recherchiste de l'Université de Montréal afin de constituer un dossier regroupant les études des recherches sur le sujet, dont je vous communique à l'instant l'essentiel des résultats. Vous serez alors à même de constater à quel point les preuves scientifiques abondent quant à l'efficacité, voire la nécessité, de se fixer des objectifs pour réussir. Pourquoi ne pas commencer par votre domaine: celui du monde des affaires?»

Des chiffres stimulants

«Des 201 études recensées par messieurs Locke et Latham, en 1990, 183 (dans une proportion de 91 % donc) démontrent ceci: on atteint de meilleures performances en se fixant des buts difficiles mais précis, plutôt que de ne pas en fixer ou d'en fixer de très vagues. De plus, après une compilation détaillée des résultats, 13 de ces études indiquent une amélioration moyenne de la performance de 17,6 %.»

---

1. E. A. Locke et G.P. Latham, 1990.

Soudain, le conférencier marque une pause, hausse les sourcils pour renforcer son effet, et demande:

«Que penseriez-vous d'augmenter votre chiffre d'affaires de 17,6%?»

Un murmure approbateur parcourt la salle. Armand devient plus attentif.

«Des chercheurs[1] ont effectué des compilations similaires à partir d'autres études et ils ont constaté une amélioration moyenne de la performance entre 8,4 et 16%. Ces différences de pourcentage sont en fait attribuables aux facteurs propres aux milieux où un tel programme de fixation d'objectifs a été implanté et à la façon dont il a été livré.

«En fait, je vous parle d'un programme *concret*, vous permettant de suivre à la fois les progrès de votre entreprise et ceux correspondant à votre situation personnelle. Il va sans dire que vous devez vous *ajuster* au fur et à mesure que vous évoluez et que vous progressez. Vous avouerez comme moi que c'est une simple question de G.B.S. Ah! ah! je vois des regards interrogateurs! Dans mon jargon de formateur, «G.B.S.» sont les premières lettres des trois mots suivants: gros bon sens!

«Dans le même ordre d'idées, C.A. Frayne et G.P. Latham, en 1987, ont intégré un module de fixation d'objectifs à un programme de formation destiné à des employés syndiqués afin de minimiser l'absence au travail. Après trois mois à peine de cette implantation, le taux d'absentéisme était considérablement plus bas.

«La fixation d'objectifs est efficace aussi auprès des cadres et des superviseurs de premier niveau, comme le rapportent C.A. Frayne et M. Geringer, en 1990. Ces derniers ont étudié l'impact et le rendement de la fixation d'objectifs quant à la performance de ces cadres et démontré l'interaction directe entre les deux. C.K. Stevens, A.G. Bavetta et M.E. Gist sont arrivés à cette même conclusion, suite à leur étude auprès d'étudiants au M.B.A. (Maîtrise en administration des

---

1. Chidester & Grigsby, 1984; J.E. Hunter & F.L. Schmidt, 1983; A.J. Mento, R.P. Steel et R.J. Karren, 1987; M.E. Tubbs, 1986; R.E. Wood, A.J. Mento & E.A. Locke, 1987.

affaires), en 1993. Les auteurs de cette étude ont comparé les aptitudes de négociation des étudiants avant et après leur fixation d'objectifs et ont noté une forte amélioration.

«Comme vous pouvez le constater, ces résultats sont plutôt stimulants, n'est-ce pas? Et si nous examinions maintenant quelques études effectuées auprès des athlètes.»

Des objectifs pour les champions

À entendre le mot «athlète», Armand sent son intérêt s'éveiller. En effet, Armand n'est pas peu fier, car Nadia, sa fille de 20 ans, s'apprête à représenter le Canada en natation aux Jeux olympiques d'Atlanta, au mois de juillet. Pourquoi ne l'a-t-il pas inscrite à ce séminaire d'une journée? Elle l'aurait certainement apprécié. Il la voit rarement depuis quelque temps, et Fernande n'est pas sans lui reprocher d'avoir été si peu présent pour la voir grandir. Bon sang! C'est pourtant grâce à lui si Nadia est déjà l'une des meilleures athlètes du Québec, du Canada même, et sans aucun doute du monde entier bientôt!

Tout à ses pensées, Armand ne cache pas son orgueil à cette perspective bien légitime. Il se tourne alors de nouveau spontanément vers sa voisine, soucieux de lui communiquer sa fierté toute paternelle. Au même moment, elle décroise ses longues jambes effilées, bien galbées et gainées de soie noire. Quelque peu émoustillé, son regard glisse jusqu'à ses cuisses très apparentes sous une jupe noire ma foi fort courte.

Loin d'être insensible aux charmes de cette fraîche beauté, Armand n'ose s'aventurer plus avant et détourne les yeux. Il ne peut s'empêcher de laisser sourdre en lui ses pulsions d'homme, et refoule avec peine son émoi beaucoup moins paternel, il faut bien l'avouer.

«Vieux fou, va! Quel imbécile je fais! Comment puis-je même espérer une seconde que cette femme s'intéresse à moi? Il est bien permis de rêver, mais à quoi bon au fond? C'est un objectif dérisoire et sans lendemain; cette jeune dame a tout au plus trente ans.»

Comme un effet boomerang, ce même mot prononcé tout à l'heure, et qui l'a amené à des réflexions de fierté filiale, le tire maintenant de ses pensées et le replonge en plein cœur des propos du conférencier.

«C'est la même chose dans le milieu sportif: les deux tiers des 13 études démontrent ici aussi que les athlètes qui se fixent des objectifs très précis, doublés d'un haut degré de difficulté pour les atteindre, obtiennent une plus grande performance[1]. C'est le cas d'ailleurs des joueurs de tennis professionnels, qui, dans une proportion de 91%, emploient la fixation d'objectifs comme stratégie psychologique pour accroître leurs performances.

Voilà pourquoi je compare souvent les gens d'affaires aux sportifs lors de mes programmes de formation? Plus ils pratiquent, mieux ils réussissent. Ils consacrent des heures et des heures à répéter certains gestes. Ce rendement se vérifie de même dans le monde des affaires: vous devez vous aussi vous fixer des objectifs précis et investir temps et énergies pour aspirer à une réussite exceptionnelle et une formation appropriée à transmettre.»

C'est bien vrai, songe Armand. *Que de temps et d'énergies il faut investir pour exceller, pour réussir. Comment pourrait-il oublier toutes les heures de pratique de Nadia depuis son âge le plus tendre? Il n'est pas sans se rappeler aussi ses innombrables levers à l'aube naissante, exposé aux pires intempéries – au verglas, au froid hivernal pénétrant, ou à la chaleur accablante l'été – pour conduire sa future championne à la piscine ou pour la reprendre. Et toutes ces périodes où il assistait aux compétitions incessantes, aux finales.*

D'accord, Fernande a sans doute été plus présente pour l'éducation de notre fille, mais au fond, n'était-ce pas davantage sa responsabilité puisqu'elle ne travaillait pas à l'extérieur? Pendant ce temps, je suais sang et eau, travaillant parfois jusqu'à quatorze heures par jour pour défrayer l'entraînement, les entraîneurs, les vêtements, l'université, la maison, les voitures, le luxe, les cadeaux, et j'en passe. J'estime quant à moi que

---

1. D. Burton, 1993.

chacun a rempli son rôle. Je ne vois vraiment pas pourquoi elle me fait
tant de remontrances depuis quelque temps.

Peser le pour et le contre

Une fois de plus, le conférencier interpelle son auditoire et arrache Armand à ses réflexions.

«Alors? qu'en pensez-vous? Il y a gros à parier que vous reconnaissiez la nécessité de se fixer des objectifs pour réussir? De plus, toutes ces preuves relevant d'études scientifiques doivent contribuer à vous en convaincre largement. Je ne serais pourtant pas étonné de la réserve de certains d'entre vous, car implanter de tels programmes ne se fait pas sans résistance, et non sans raison d'ailleurs! C'est pourquoi nous verrons donc maintenant à la fois les effets positifs et les conséquences négatives de la fixation d'objectifs. Je préfère vous en aviser: certaines données vont certes vous surprendre.

«Mais pour le moment, vous arrive-t-il, dites-moi, de vous lever le matin et de décider que votre journée sera désagréable? Vous dites-vous parfois: «*Aujourd'hui, je veux rencontrer les gens les plus déplaisants qui soient, et subir des épreuves en abondance?*» Bien sûr, je caricature, mais comment peut-on expliquer alors que certaines journées soient si exécrables? Il s'agit peut-être ici d'une question d'attitude ou d'anticipation des événements. Pourquoi deux personnes aux talents équivalents n'obtiennent-elles pas les mêmes résultats? Ou encore: Pourquoi certaines personnes sont-elles plus performantes que d'autres pour des tâches identiques? Il y aurait certainement lieu ici de réfléchir sur ces questions courantes, mais revenons pour le moment aux résultats de certaines études scientifiques.

«Après 28 années de recherches, E.A. Locke et G.P. Latham, ont recensé, en 1990, plusieurs impacts positifs attribuables au fait de se fixer des objectifs *difficiles* et *précis*, dont voici la liste projetée sur l'écran:

1.   Un déploiement d'efforts accrus;

2.   De meilleures performances;

3.   Une plus grande persistance;

4.   L'attention et l'action sont mieux dirigées;

Vous en serez peut-être surpris, mais des études[1] établissent que les effets négatifs suivants d'un programme de fixation d'objectifs *conçu et appliqué avec négligence* sont liés à des conséquences affectives variées: le stress, les surcharges, les réactions à l'échec, les punitions et les conflits de rôles, associés à une baisse de satisfaction.

«Voici donc les quatre principaux obstacles à la réussite d'un tel programme: (1) Les conflits de rôles; (2) les réactions à l'échec; (3) l'anxiété; (4) l'iniquité ou l'injustice.

«Tout d'abord, attardons-nous aux **conflits de rôles**. Un conflit de rôles se manifeste quand une personne est en position de poursuivre des buts contradictoires qui affectent nécessairement son rendement. Imaginez, par exemple, un de vos cadres ou de vos employés choisissant comme objectif *professionnel* d'augmenter considérablement ses ventes et, du même coup, se fixe comme objectif *personnel* de passer plus de temps avec ses enfants.»

Le conférencier fait une pause et hoche la tête d'un air entendu.

«Ce contraste entre deux aspects très importants de sa vie entraîne des conclusions bien prévisibles, et que vous voyez venir, n'est-ce pas? Pour augmenter ses ventes, il devra nécessairement se vouer corps et âme à son travail. Comment pourra-t-il alors passer plus de temps avec ses enfants? L'un des deux objectifs sera inévitablement négligé et cet être éprouvera alors un cuisant sentiment d'échec et de frustration.»

Pour la première fois peut-être aujourd'hui, Armand perçoit enfin l'interrelation entre les rôles *professionnel* et *personnel* qu'il est tour à tour appelé à jouer dans sa vie. Cette constatation sème un certain trouble dans son esprit: n'est-ce pas là au fond que se trouve la source de ses problèmes?

«Le conflit peut survenir également entre deux objectifs professionnels. Supposons, d'une part, que votre vice-président aux ressources humaines ambitionne d'améliorer la qualité de ses relations avec les membres du personnel, et envisageons, d'autre part, que vous lui

---

1. C. Lee, P. Bobko, P.C. Earley et E.A. Locke, sous presse: E.A. Locke et G.P. Latham, 1991.

demandiez d'élaborer un programme de rationalisation des dépenses, lequel prévoit le licenciement d'un certain nombre d'employés. Le voilà coincé dans un conflit de rôles. Comment peut-il escompter de meilleures relations avec les employés dans un contexte de réduction de personnel? Le bougre sera sans conteste incapable d'atteindre les deux objectifs.

«Pour éviter ces conflits de rôles et franchir ces obstacles avec brio – sans pour autant renoncer à des objectifs pour le moins contradictoires parfois – il faut planifier un programme rationnel de fixation d'objectifs. Sinon, nous provoquerons sans le vouloir des conséquences tout à fait opposées à celles que nous recherchons, et tout cela n'entraînera que découragement et abandon.

«Le deuxième point qu'il faut bien évaluer s'attarde aux **réactions à l'échec**. Parler de se fixer un objectif laisse, hélas! toujours planer une possibilité d'échec. Qu'on le veuille ou non, et même si on n'y pense guère, c'est le risque à courir. Il ne s'agit pas ici de jouer aux prophètes de malheur, mais nous pourrions très bien ne pas l'atteindre cet objectif! Pensons-y bien et nous nous prémunirons ainsi contre une perte d'estime de soi ou de confiance en soi[1].

«Il va de soi que plus les buts sont difficiles, plus la performance est laborieuse à atteindre, plus le risque d'échec est grand et, par conséquent, plus la pression est forte[2]. De là l'importance d'évaluer les critères de faisabilité d'un objectif avant de le retenir. C'est d'ailleurs un facteur que nous analysons dans notre programme de formation sous le volet intitulé: *Comment se fixer des objectifs*. Nous y approfondissons également l'importance de se fixer un objectif *précis*, bien soupesé, pour augmenter les possibilités de l'atteindre.

Cette fois, Armand prend pleinement conscience à quel point la tâche peut être complexe, et comprend petit à petit pourquoi Richard Massé insistait tant sur certains points essentiels.

«Chacun de nous connaît des gens qui ont jeté leur paquet de cigarettes à la poubelle, convaincus de mettre un terme à cette atroce

---

1.   E.A. Locke et G.P. Latham, 1990.
2.   S.E. White, T.R. Mitchell et C.H. Bell, 1977.

habitude, pour quand même en racheter d'autres quelques jours ou même quelques heures plus tard. Combien de vendeurs se sont promis de pulvériser les records de ventes et ont néanmoins échoué? Ils étaient pourtant de bonne foi et *motivés!*»

Encore une fois, Armand se sent directement concerné. Il ne saurait compter toutes ses tentatives pour cesser de fumer.

«Et si nous touchions au troisième point: l'anxiété? Comme nous venons de le voir, l'échec donne un sérieux coup à l'estime de soi[1]. Dans ce contexte, se fixer des objectifs peut susciter une hausse d'anxiété, faute de ne pouvoir répondre adéquatement à l'atteinte de l'objectif fixé. Par exemple, la fixation d'objectifs, accompagnée de menaces ou d'une éventuelle punition, entraîne souvent davantage d'anxiété.»

Rien n'est plus près de la vérité. Ramené à lui-même, Armand se revoit intimidant ses employés et les faisant craindre ses représailles s'ils n'atteignaient pas chacun leur quota de vente. Et tout cela sous le couvert du professionnalisme, croyait-il! Sans compter toutes les semonces servies à sa fille pour la fouetter afin qu'elle progresse à ses cours de natation, tous les chantages mis à exécution, les avertissements calculés. Armand éprouve un étrange sentiment de culpabilité dont il se serait bien passé aujourd'hui et il réprouve le conférencier d'avoir ravivé cette émotion amère.

«Par exemple, si une entreprise se fixe des objectifs dans un contexte de réduction du personnel, les employés percevront sans doute cet exercice comme une méthode pour établir quels sont les employés les moins performants. Ils auront raison de penser ainsi, leur réaction est tout à fait normale et humaine. Mais sans un sentiment élevé d'efficacité personnelle, leur anxiété augmentera nécessairement. Pour rehausser cette efficacité personnelle, messieurs Locke et Latham recommandent depuis 1990 d'accompagner la fixation d'objectifs d'une intervention axée sur la relaxation.

«Mais voilà, dans une situation où la tâche s'avère complexe, viser des buts précis et difficiles peut gêner la performance[2]. Par exemple,

---

1. M.L. Snyder, W.G. Stephen, D. Rosenfield, 1978.
2. E.A. Locke et G.P. Latham, 1991.

si un cadre se fixe un objectif sans avoir au préalable élaboré les stratégies nécessaires pour l'atteindre, cela nuira sans aucun doute à sa performance. Cependant, une fois son plan d'action établi et analysé sous tous ses angles, la fixation d'objectifs aidera amplement sa performance[1]. C'est pourquoi nous insistons sur la nécessité d'établir un tel plan d'action lors du programme de formation *Comment se fixer des objectifs*, dont je vous ai touché un mot tout à l'heure.

J'ai de plus en plus l'impression que l'intuition et l'expérience ne suffisent pas pour mener rondement mes affaires, songe Armand. Tout bien considéré, des décisions plus réfléchies, le savoir-faire et surtout l'implantation d'un programme de fixation d'objectifs ne freineraient certainement pas le rendement et la croissance de mon entreprise.

«Et si nous parlions maintenant **d'iniquité**, ou, pour employer un terme plus courant, d'injustice. Trop de gestionnaires oublient d'intégrer à leur programme de fixation d'objectifs une reconnaissance de la valeur ajoutée des efforts de leurs employés. Pour avoir fourni une performance accrue, votre cadre ou votre employé s'attend à une récompense de valeur équitable. Si le programme ne prévoit pas reconnaître la valeur ajoutée de ses efforts, l'employé s'estimera lésé et, pour éviter d'éprouver ce sentiment d'injustice, il recourra à la loi d'équilibre. Par conséquent, pour retrouver le respect de lui-même, il pourrait bien décider de minimiser ses efforts[2].

Hum! une médaille d'or serait décidément la bienvenue.

«En ce qui concerne l'«autorécompense», le processus est différent quant à l'atteinte de vos objectifs personnels notamment. Nous ne sommes pas toujours très à l'aise de nous accorder une certaine gratification. Dans cette optique, je vous recommande donc de vous offrir d'abord de *petites* récompenses, histoire d'apprendre à vous choyer en compensation des efforts que vous avez fournis: un repas au restaurant, l'achat d'un vêtement, une soirée au cinéma. Tous ces petits plaisirs de la vie, ces gratifications au plan personnel vous coûteront si peu par comparaison avec la motivation à poursuivre qu'ils peuvent vous insuffler!»

---

1.   R. Kanfer et P.L. Ackerman, 1989.
2.   E.A. Locke et G.P. Latham, 1990.

Sur ces mots, sa jolie compagne se tourne vers lui, toute souriante. Chose certaine, Armand s'offrirait bien une petite récompense avec elle. À cette pensée, il lui rend son sourire. Elle se penche alors vers lui et lui chuchote à l'oreille: «Voilà une perspective agréable, n'est-ce pas?»

Il acquiesce d'un signe de tête, mais se garde bien de répondre. Il a peine à dissimuler son trouble. En effet, en se penchant vers lui, cette jeune dame l'a frôlé juste assez pour qu'il puisse percevoir la chaleur de son corps et deviner son parfum délicat.

«Pour clore ce sujet, voici donc deux tableaux résumant les conséquences positives (car bien implanté) et négatives (plutôt mal implanté) possibles d'un programme de fixation d'objectifs, et les aspects du processus de fixation d'objectifs menant à ces conséquences.»[1]

Les tableaux apparaissent à l'écran.

«Faites l'effort de bien comparer ces tableaux, car ils illustrent en quelque sorte la différence entre l'*échec* et la *réussite*.

Un peu d'histoire

«Si vous le voulez bien, nous allons maintenant jeter un coup d'œil rétrospectif sur trois époques: celle de l'Honorable Maurice

Tableau 1	
Conséquences positives d'un programme de fixation d'objectifs bien implanté	
Conséquences positives de la fixation d'objectifs	**Aspects du processus de la fixation d'objectifs menant aux conséquences positives**
Satisfaction Intérêt	Succès et anticipation du succès Anticipation des conséquences positives Sentiment d'accomplissement et défi Sens à notre vie Rétroaction Clarté et harmonie dans les rôles

---

1. E.A. Locke et G.P. Latham, 1990.

Tableau 2	
Conséquences négatives d'un programme de fixation d'objectifs mal implanté	
Conséquences négatives de la fixation d'objectifs	**Aspects du processus de la fixation d'objectifs menant aux conséquences négatives**
Insatisfaction Anxiété	Échec et anticipation de l'échec Anticipation des conséquences négatives Sentiment de pression et de menace Sentiment d'iniquité ou d'injustice Conflits de rôles

Duplessis, premier ministre de la province de Québec, de 1936-1939 et de 1944-1959, époque qui s'étend des années cinquante aux années soixante et que j'ai baptisée l'ère du *savoir-faire*. Ensuite, nous survolerons l'époque de la révolution tranquille; à mon avis, c'est l'ère du *savoir-avoir*. Puis je terminerai avec l'époque actuelle, que je nomme l'ère du *savoir-être*.

«Je ne crois pas me tromper en affirmant que, pour la plupart d'entre vous, cette expression bien de chez nous est très évocatrice: «*Être né pour un petit pain!*[1] »

En effet, la plupart des visages sourient à l'entendre.

«Ces mots à eux seuls nous remémorent les années cinquante. Le Québec vivait alors sous le joug du respect de la loi, de l'ordre et de l'Église. En ce temps-là, un bon citoyen se conformait aux coutumes en vigueur et se contentait de sa situation. Avoir confiance en soi et oser remettre certaines valeurs en question, cela équivalait presque à une révolte. On considérait comme une menace pour la société ceux qui protestaient contre le cadre social ou qui le rejetaient. Le premier ministre Duplessis les traitait même à l'occasion de *communistes*. On parlait d'un peuple peureux et soumis!

«Heureusement, la *Révolution tranquille* a fait éclater ce carcan. Étouffés par des années de conformisme, les Québécois ont alors tout

---

1.   Expression québécoise qui signifie «être naturellement fait, destiné à la pauvreté, à la médiocrité, sans espoir d'en sortir».

remis en question. On a vu s'effriter alors à une vitesse effarante les valeurs des années cinquante et les gens se libérer de l'emprise de l'Église. Cette effervescence soudaine a provoqué les Québécois à se doter de leurs propres leviers économiques: initiative, production, performance, profit. Les Québécois ont ainsi découvert en eux les forces réprimées par le contexte social des années de noirceur.

«Toutefois, cet engouement a eu un prix. Obnubilés par le bonheur matériel enfin accessible, les gens ont négligé les autres facettes de leur existence. Trop absorbés par leurs affaires, ils ont oublié de gérer leur vie personnelle. Les lois, les normes, les conventions collectives et toutes sortes de règles devaient parvenir à régir les rapports humains. Du moins l'a-t-on cru! Mais le travail qui se voulait libérateur est à son tour devenu un assujettissement. Il a donc contribué, avec d'autres facteurs ambiants, à provoquer des symptômes avant-coureurs d'une crise: endettement personnel et social, burn-out, mal de vivre, éclatement des familles, taux de suicide record chez les adolescents, etc. Nous avons voulu tout avoir et nous avons effectivement tout eu: le mauvais comme le bon!»

Armand n'est pas sans se demander si le conférencier prend un malin plaisir à s'acharner contre lui et à chercher à l'accabler personnellement.

«Aujourd'hui bien des gens, aux prises avec de sérieuses difficultés dans leur travail, n'arrivent pas à s'en sortir car leur existence n'a aucune autre assise que leur emploi. Ils ne sont jamais à la maison. Ils travaillent pour le bien-être de leurs proches, disent-ils, mais leurs proches les ont abandonnés. Ils n'ont pas davantage le temps de fréquenter leurs amis: alors ces derniers les ont également délaissés.

«Pour affronter résolument l'existence, une personne a besoin de plusieurs points d'appui. Si l'un de ces points se dérobe temporairement ou vacille, la personne peut se reposer sur les autres pour corriger le déséquilibre. Quelles sont ces assises?

«En premier lieu, le *savoir-faire*, c'est-à-dire les compétences techniques et autres: travail, métier, profession, habiletés personnelles.

«Ensuite, le *savoir-avoir*. Nous avons tous besoin d'un toit, de vêtements, de confort, de bien-être, afin de fonctionner avec efficacité et avec plaisir. Attention toutefois! Il nous faudra bien, tôt ou tard, évaluer la place occupée par le bien-être matériel; il ne doit pas perturber l'équilibre de l'ensemble.

«Enfin, le *savoir-être* constitue la troisième assise. Il représente notre système de valeurs et détermine notre rapport avec les deux autres points d'appui. À eux trois, ils forment un triangle. L'individu équilibré se tient au centre.

«Entre les années cinquante et la fin des années quatre-vingt, le pendule a oscillé entre les extrêmes du savoir-faire et du savoir-avoir. Nous tentons aujourd'hui de le ramener au savoir-être, c'est-à-dire, en somme, à l'équilibre. Cependant, nous faisons trop souvent ces tentatives uniquement quand nous éprouvons des problèmes professionnels ou personnels. Ne pourrions-nous pas agir de notre propre chef avant que les événements nous imposent leur loi? Pour ce, il nous faut être «motivés». C'est d'ailleurs le sujet que nous aborderons après la pause».

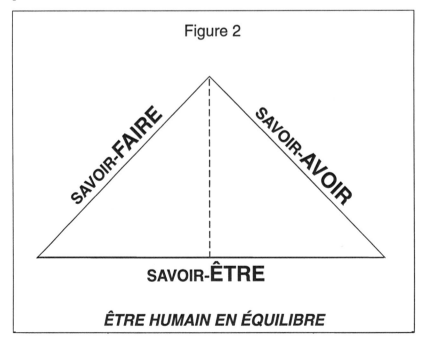

Figure 2

SAVOIR-FAIRE

SAVOIR-AVOIR

SAVOIR-ÊTRE

ÊTRE HUMAIN EN ÉQUILIBRE

Malgré le brouhaha général, Armand entend tout de même derrière lui la jeune femme lui adresser la parole:

«Trouvez-vous ça intéressant?

Il se retourne aussitôt.

— Oui, très fascinant, et vous?

Elle approuve avec un enthousiasme non dissimulé.

— Je suppose que la file d'attente sera plutôt longue, je peux vous ramener un café si vous voulez?

— Merci, c'est très gentil de votre part.

— Que mettez-vous dans votre café?

— Je le bois noir.

— Je ne devrais pas l'oublier! Permettez-moi de me présenter, je suis Armand Lajoie», dit-il en tendant la main.

— Enchanté de vous connaître. Mon prénom est Marie-Christine.»

Chapitre 2

L'être humain en action

Quelque peu préoccupé, le conférencier revoit ses notes. Comment les participants seront-ils réceptifs à la deuxième partie du séminaire? Bien sûr, la plupart sont conscients de la nécessité de se motiver, mais ils ne comprennent pas nécessairement tous les rudiments de la motivation. Convaincu de l'importance de considérer la motivation selon un point de vue rationnel, il s'apprête à leur livrer les résultats de ses recherches effectuées pour en comprendre les mécanismes sous-jacents. Il espère bien exciter en eux la même curiosité qui le poussa, lui, à s'intéresser à la motivation sous tous ses angles. Il les entend entrer dans la salle et se prépare à les rejoindre.

Comme il fallait s'y attendre, Marie-Christine a déjà regagné son siège. Armand s'excuse de son retard tout en lui tendant son café: «La file d'attente était interminable! J'espère que nous aurons une autre occasion de faire connaissance.

— J'en suis persuadée.»

Ils se taisent tous deux à l'arrivée du conférencier.

«Eh bien! pour commencer ce deuxième volet de la journée, je vais vous révéler un de mes traits typiques: je suis curieux de nature! Est-ce la même chose pour vous? Le terme *motivation* nous est familier, mais en connaissons-nous vraiment les mécanismes, les rouages? Pour satisfaire ma curiosité, j'ai d'abord tenté de répondre à la question qui me semble au cœur de la motivation: «*Pourquoi passe-t-on à l'action?*» Pourquoi l'être humain persiste-t-il, même avec toutes les raisons du monde de laisser tomber? Où trouve-t-il la force de vouloir venir à bout d'obstacles souvent jugés insurmontables?

«Attardons-nous d'abord à faire une distinction très importante entre, d'une part, le «positivisme» – associé très souvent à la motivation – et, d'autre part, l'«attitude positive». B.F. Skinner, considéré à juste titre comme le père du behaviorisme, a dit: «Nous jugeons parfois une personne comme étant très motivée alors qu'elle se comporte tout simplement énergiquement pour obtenir une conséquence positive ou pour éviter une conséquence négative.»

«Adopter une attitude positive ne veut toutefois pas dire tenter d'ignorer la réalité. Vous savez bien, tout comme moi, qu'elle peut être tellement difficile, voire même inhumaine. En cela, je sais, je ne vous apprends rien! Pardonnez-moi ma question on ne peut plus directe et dramatiquement terre à terre, mais à quoi ça sert de vous répéter chaque matin devant la glace: "Je suis capable"? Laissez-moi vous dire que la nuit où vous apprendrez le suicide de votre fille, le matin suivant, je vous le jure: VOUS NE SEREZ PAS CAPABLE!

«D'accord, mon exemple est plutôt cruel, pour ne pas dire brutal. Mais je voulais que vous saisissiez bien la différence profonde entre le positivisme (le personnage qui joue à être) et l'attitude positive (l'être que je suis vraiment). Entre celui qui se donne une façade pour montrer qu'il est positif, alors qu'il est complètement effondré au plus intime de lui-même, et celui qui endosse un malheur et essaie de reconstruire à partir de là, il y a tout un monde: un fossé à franchir entre banaliser une situation pour ne pas la voir telle qu'elle est ou en évaluer toute la teneur et chercher des solutions adaptées à cette situation.

«Maintenant que nous avons défini deux thèmes qui me sont chers dans le cadre de la motivation, continuons plus avant dans notre séminaire. Au cours de mes recherches, des tas de questions me sont venues à l'esprit: des questions de toutes sortes, des questions profondes, auxquelles des scientifiques s'étaient intéressés bien avant moi: Qu'est-ce que c'est un être humain?»

«Deux philosophes bien connus, **René Descartes (1596-1650)** et **Charles Darwin (1809-1882)**, à deux époques bien distinctes, ont contribué à étayer cette définition de l'être humain[1]. En effet, les psychologues ont été influencés par leurs hypothèses par la suite dans leur façon d'analyser la motivation, et se sont basés sur leurs suppositions pour préciser les balises leur permettant de répondre à cette première question fondamentale: «Pourquoi passe-t-on à l'action?»

«René Descartes – que vous connaissez certes aussi bien que moi – disait que l'homme avait été créé à l'image de Dieu et que son corps (en soi une source de désirs et de pressions internes) était clairement dissocié de l'âme[2]: en somme, que l'être humain était séparé en deux. À cette époque déjà, l'Église dénonçait le pouvoir créateur de la pensée en ce sens que les désirs du corps pouvaient perturber les pensées, car les pensées peuvent mener à l'action. On lui connaît d'ailleurs cette réflexion célèbre: «Je pense, donc je suis.» Cette conception précède ainsi de quelques siècles l'affirmation bien connue de James Allen[3]: «*L'homme est le reflet de ses pensées*»!

Soudain, la figure 3 apparaît à l'écran. «Laissez-moi vous donner quelques explications de ce que vous observez en ce moment.

«À cette époque, l'Église admettait aussi ceci que – même si les désirs exercent des pressions internes sur l'âme – la pensée peut con-

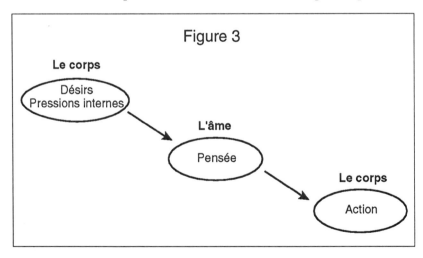

Figure 3

Le corps
Désirs
Pressions internes

L'âme
Pensée

Le corps
Action

---

1.   B. Weiner, 1992.
2.   Théorie connue sous l'appellation de «dualisme cartésien».
3.   Les éditions Un monde différent, 1978.

trôler le corps ou le choix de l'action amorcée. L'être humain a donc ainsi une part de responsabilité quant à ses actions. Ses comportements peuvent alors être jugés *bons* ou *mauvais*. Et si nous mettions les deux principales affirmations en parallèle, nous pourrions ajouter: L'être humain est responsable de ses actions. Par conséquent, je suis responsable de mes succès et de mes échecs.

«Quelque deux cents ans plus tard, Charles Darwin avance une conception révolutionnaire et plutôt dérangeante pour l'époque, à savoir que les êtres vivants sont tous issus d'une même origine; leurs différenciations passent par un processus d'évolution des espèces dont l'homme est la plus évoluée. Selon Charles Darwin, les instincts et les réflexes caractérisent non seulement le comportement animal, mais celui de l'être humain. Le principe d'évolution des espèces transpose ici la pensée vers l'action.

«Cette pensée a donné lieu à une conception *machiniste* de l'être humain[1]: désormais, son comportement est perçu comme inflexible et rigide, sans conscience de la finalité ou du but, car, dans cette optique toute action est prédéterminée par les réflexes et les instincts.

«Ces deux conceptions de l'être humain, où l'homme est considéré à l'image de *Dieu* (René Descartes) ou comme un automate ou une *machine* (Charles Darwin), ont inspiré plusieurs théories de la motivation à monsieur B. Weiner, qu'il catégorise à sa façon dans le tableau 3 ci-contre (voir page suivante).

L'être humain «agissant comme une machine»

«D'accord, vous vous demandez, bien sûr, où je veux en venir; et toutes ces conceptions sur l'être humain peuvent vous sembler quelque peu arides ou inintéressantes, mais en fait, nous tentons de cerner sur le vif chacune des théories inscrites au tableau, afin de comprendre de quelle façon elles nous mènent vers la théorie de la fixation d'objectifs.

«Sigmund Freud, en 1920, a établi deux principes inconscients régissant la motivation chez l'être humain: il s'agit de l'homéostasie (ou la tendance de l'être humain à vouloir satisfaire tous ses besoins)

---

1.   B. Weiner, 1992.

Tableau 3	
Classification des théories de la motivation **selon la définition de l'être humain**	
L'être humain «agissant comme une machine»	**L'être humain «à l'image de Dieu»**
La théorie psychanalytique (Sigmund Freud)	La théorie du besoin d'accomplissement (J.W. Atkinson)
L'approche behavioriste (B.F. Skinner)	La théorie de l'attribution causale (B. Weiner)
La théorie de la tendance (Clark Hull)	La théorie de l'efficacité personnelle (A. Bandura)
La théorie d'Abraham Maslow	
	La théorie de la fixation d'objectifs (E.A. Locke & G.P. Latham)

et l'hédonisme (sa tendance à rechercher le plaisir). Selon Sigmund Freud, l'être humain n'a pas vraiment conscience de ce qui l'incite à l'action et n'exerce pas non plus de contrôle conscient sur ses pulsions ou sur le choix de ses comportements.

«B.F. Skinner, considéré comme le père du behaviorisme, a affirmé en 1974: «Une personne se comporte énergiquement pour obtenir une conséquence positive ou pour éviter une conséquence négative.» De cette façon, les conséquences ou les renforcements que tel comportement entraîne motive ici l'être humain. Si l'on se fie au modèle behavioriste à la question posée plus tôt: «Pourquoi passe-t-on à l'action?, nous aurons la réponse suivante: «Ce sont les renforcements de l'extérieur qui déterminent quand nous passons à l'action ou non.»

«Nous parlons ici de motivation **extrinsèque** en ce sens qu'un renforcement extérieur énergise et dirige le comportement d'une personne ou d'un animal: par exemple, le fromage est ce renforcement extérieur qui motive le rat à retrouver son chemin dans le labyrinthe; la prime stimule le représentant à dépasser un certain quota de vente; le salaire encourage l'employé à donner sa pleine mesure au travail.

«En ce qui a trait à la motivation **intrinsèque**, l'intérêt se situe plutôt au niveau des avantages qu'occasionne la réalisation d'une activité et au niveau de la satisfaction qu'elle procure en cela même qu'elle est accomplie et réussie. Par exemple, votre adjointe, motivée de façon intrinsèque, déterminera elle-même ses objectifs à poursuivre et exercera ainsi un contrôle personnel sur ses activités[1].

«Les deux types de motivation interagissent en général selon une relation plutôt complexe[2]. Par exemple, ce qui motive une personne au travail, c'est non seulement son salaire mais aussi sa propre valorisation à occuper cet emploi. Par conséquent, une motivation extrinsèque trop faible, un employé sous-payé, provoquera chez lui une baisse de la motivation intrinsèque[3], faute de renforcement extérieur.

«**Clark Hull**, quant à lui, a défini, en 1943, la motivation comme une «tendance» et l'habitude, comme cette façon de diriger le comportement. La tendance, cette source d'énergie motivante, trouve son origine dans les besoins physiologiques de l'être humain. Sitôt qu'une carence quelconque surgit (un manque de nourriture, d'eau, ou de sommeil, par exemple), cette privation provoque une tension qui motive à l'action pour combler le besoin. Si le besoin est satisfait, cette tendance ou motivation se trouve renforcée et devient une habitude. La théorie de la tendance de Clark Hull présente toutefois une lacune extrêmement importante: elle rend compte uniquement des motivations physiologiques et laisse en plan tout l'aspect psychologique.

«Il va sans dire que les mécanismes qui transposent et dirigent la pensée en action constituent une des problématiques majeures en psychologie. Pour bien comprendre le processus, il faut avant tout tenir compte des facteurs de motivation qui décident de la sélection (à savoir nos choix d'action), de l'activation (de quelle façon nous poserons l'action, grâce à quelle habileté) et de la direction du comportement. Au fond, ce qui importe, c'est de comprendre, expliquer et prévoir comment les gens choisissent, amorcent, et s'obstinent à s'investir dans certaines actions précises et dans des circonstances particulières.»

1. J.P. Blondin, 1992.
2. E.L. Deci, 1975.
3. J.P. Blondin, 1992.

L'être humain «à l'image de Dieu»

«Nous venons de faire un survol des théories considérant l'être humain agissant comme une machine. Voyons maintenant celles où, dans sa conception même, l'être humain est à l'image de Dieu.

«J'aimerais tout d'abord m'attarder un peu plus longuement sur la théorie élaborée en 1964 par **J.W. Atkinson**. Il avance en effet des concepts à la fois surprenants et fort intéressants.

«Monsieur Atkinson affirme que, à la source même de sa motivation, l'être humain possède un besoin psychologique d'accomplissement. Ce besoin le pousse non seulement à chercher à réussir des tâches difficiles, à s'évaluer selon une norme d'excellence, mais aussi à entreprendre des activités, lesquelles il risque d'échouer.

«Dès 1961, D.C. McClelland observa, quant à lui, que ce besoin n'avait pas la même intensité d'une personne à l'autre. Il remarqua ceci: les personnes éprouvant un besoin d'accomplissement fort se fixaient des objectifs dont le niveau de difficulté était raisonnable, dans des situations où elles pouvaient escompter une rétroaction immédiate et contrôler quelque peu le résultat. En 1992, 31 ans plus tard, J.P. Blondin apporte des précisions quant aux attitudes observées chez les gens dont le besoin d'accomplissement est plus fort. Observez bien à quel point ses conclusions sont remarquables:

1. Ils évitent de se fixer des objectifs trop difficiles afin de maximiser leurs chances de réussir;

2. Ils s'abstiennent de se fixer des objectifs trop faciles ou peu rentables afin de donner la plus haute valeur aux gains que cette réussite apporte;

3. Ils ont tendance à se porter garant et responsable de leurs actions et à ne pas s'en remettre au hasard; ainsi, ils peuvent revendiquer de plein droit les bénéfices de la réussite;

4. Leur désir de réussir surpasse leur crainte d'échouer.

«Comme on le voit ici, des facteurs internes (comme le besoin d'accomplissement) et externes (comme un succès probable, les attentes et les valeurs) déterminent donc le comportement choisi. Cette théorie offre aussi cet autre avantage de pouvoir prévoir quels comportements adopteront diverses personnes dans telles situations données. Pour y parvenir, il s'agit d'établir une relation multiplicative fort simple entre ces trois facteurs, que je vous propose d'évaluer à la figure 4 ci-dessous.»

«Pour ajouter à notre réflexion, permettez-moi de citer ici Terry Orlick, psychologue de réputation internationale œuvrant dans le domaine du sport, qui, en 1990, a écrit: «*We want not only to live but to have something to live for*»[1]. Certes, réaliser son plein potentiel est une ambition humaine des plus nobles. Mais chacun donne un sens à sa vie en répondant à sa façon aux défis que la vie lui lance. C'est donc une expérience unique propre à chacun. Pour découvrir le sens que nous donnons à notre vie, il n'en tient qu'à nous de viser à atteindre un objectif valable pour nous.

«En effet, l'importance que nous accordons à cet objectif influencera nécessairement nos réactions, en termes de satisfaction et d'émotions, quant au résultat escompté. Par conséquent, il va de soi que plus l'objectif est important pour une personne, le fait de l'atteindre l'amènera à ressentir beaucoup d'émotions positives et à éprouver une satisfaction sans bornes. Mais dans le cas contraire, le fait d'échouer entraînera un flot d'émotions négatives et une insatisfaction cuisante[2]. On voit donc à quel point les *émotions* sont capitales, car elles influencent directement l'énergie que l'on déploie en vue de l'atteinte de l'objectif visé!

«Il ne faudrait pas oublier également ceci: nous choisissons nos objectifs en fonction de nos valeurs propres. Les objectifs, eux, sont

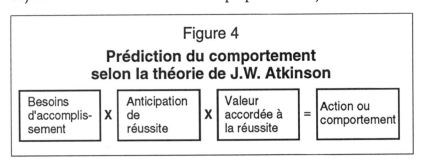

Figure 4
Prédiction du comportement
selon la théorie de J.W. Atkinson

| Besoins d'accomplissement | X | Anticipation de réussite | X | Valeur accordée à la réussite | = | Action ou comportement |

---

1.   «*Nous ne voulons pas seulement vivre, mais nous voulons vivre pour quelque chose*».
2.   E.A. Locke, 1976.

toutefois précis et établis en fonction d'une situation ou d'une tâche. Dans cette optique, une personne qui accorde beaucoup de valeur à l'ambition se fixera l'objectif de devenir président d'une grande entreprise ou encore de triompher aux Jeux olympiques. »

Armand sourit, cette dernière phrase n'est pas tombée dans l'oreille d'un sourd. Comme si son rêve s'était concrétisé, une médaille d'or miroite sous ses yeux avides.

« Prenons connaissance maintenant de la théorie de l'attribution causale bâtie en 1986 par **B. Weiner**. Selon lui, nos succès ou nos échecs sont en général attribuables à l'une des quatre causes suivantes: l'habileté, l'effort, la complexité de la tâche, la chance. Certains exemples devraient vous aider à comprendre de quelle façon ces facteurs influencent notre motivation.

« Par exemple, un de vos gestionnaires peut expliquer son échec à un examen pour l'obtention d'une promotion de cette façon:

1. Il ne possède pas les habiletés nécessaires;

2. L'examen était trop difficile;

3. Il n'a pas consacré assez d'efforts à la préparation de l'examen;

4. Il n'a pas eu de chance.

« Voyons maintenant de quelle façon s'inscrit le facteur « motivation » à travers ces causes. Une personne qui attribue son échec, par exemple, à un manque d'habiletés ou à la malchance aura tendance à ne plus vouloir investir d'énergie dans ce type d'activité; son expérience lui a en effet démontré l'inutilité de son effort, puisque sa performance dépend du hasard ou d'habiletés qu'elle ne possède pas. Par contre, celle qui attribue son succès à la maîtrise d'habiletés ou à l'effort, par exemple, voudra certainement s'engager de nouveau dans ce type d'activité puisque son expérience a été positive. »

Empathique, Marie-Christine se penche vers son voisin.

« Vous ne trouvez pas toutes ces données trop indigestes à absorber?

— J'avoue que je n'ai pas tout saisi parfaitement, mais non, ça va. Je trouve ce programme très bien structuré et intéressant. J'ai enfin l'impression de comprendre mieux la motivation et son fonctionnement.»

«Je voudrais étayer davantage ce que j'avance en précisant les quatre facteurs mentionnés dans la théorie de monsieur Weiner. Si nous commencions par le facteur **habiletés**. Retenez bien ceci: tenter de motiver des gens qui ne possèdent pas les habiletés requises pour atteindre un objectif s'avère une intervention pour le moins improductive, et qui risque de ne pas améliorer leur performance. Dans ce contexte, il serait d'ailleurs inutile de recourir aux services d'un spécialiste en vue de motiver vos employés inaptes à faire ce qui leur est demandé. Si vous ne leur donnez pas la formation souhaitée pour qu'ils puissent acquérir les habiletés nécessaires, vous courez inévitablement à l'échec. Par ailleurs, dans ce domaine comme dans tout autre, vous ne pouvez pas vraiment utiliser de baguette magique, vous savez!

«Un autre des facteurs essentiels à l'atteinte du succès est intimement lié à l'effort: il s'agit de l'**engagement**. En effet, l'engagement fait appel au degré d'attachement d'une personne envers l'objectif qu'elle s'est fixé, à l'importance qu'elle lui accorde et à sa ferme détermination d'atteindre cet objectif en dépit des obstacles rencontrés[1].

Le défi de la complexité de la tâche

«La relation entre l'engagement envers l'objectif à atteindre et la performance est on ne peut plus complexe. Puisque le succès est un facteur de motivation primordial, nous aurions tort de supposer que les gens dont les objectifs fixés sont faciles à atteindre ressentent plus de satisfaction, car leur succès est assuré d'avance. Non, n'y croyez pas, car ce n'est guère la réalité!

«Si l'objectif est difficile à atteindre, que le niveau d'habileté est conforme et que l'engagement envers l'objectif est élevé, meilleure sera la performance. Cela peut vous sembler surprenant, mais l'explication en est pourtant toute simple. Les personnes concernées ajustent spontanément les efforts consacrés selon la **complexité de la tâche** entreprise. Elles fournissent donc nécessairement plus d'efforts pour atteindre un objectif difficile. Dans le même ordre d'idées, une

---

1.   E.A. Locke et G.P. Latham, 1990.

personne peu engagée donne habituellement toujours la même performance. En fait, ce qui amenuise le rendement ou restreint la performance quand on augmente la complexité de la tâche, c'est souvent le niveau d'habileté inadéquat et le degré d'engagement moins élevé envers l'objectif[1].. Mises à part, bien sûr, les contraintes extérieures de l'environnement.

«Vous vous demandez sûrement comment parvenir à trouver un juste équilibre quant à la complexité de la tâche de l'objectif fixé? Des études menées par messieurs Locke et Latham proposent quatre façons d'établir cet équilibre:

1.   Fixer des objectifs raisonnablement difficiles et récompenser les succès, pour maximiser la satisfaction et la performance;

2.   Récompenser l'atteinte d'un objectif même s'il n'est atteint qu'en partie;

3.   Utiliser le principe japonais du kaizen (amélioration continue): se fixer des objectifs toujours accessibles et en augmenter petit à petit le niveau de complexité de la tâche;

4.   Que les récompenses face aux objectifs atteints soient équitables: à objectif minimal, récompense modeste; à objectif difficile, récompense substantielle.

«Comme vous le constatez, les succès se planifient. Ne rien planifier, c'est tout de même planifier un échec! D'où l'importance de susciter un haut niveau de motivation chez vos employés? Vous devez jouer ici le rôle de celui qui facilite l'engagement à atteindre un objectif, en persuadant vos employés qu'il est possible et même important de l'atteindre[2]. Vous pouvez, par exemple, procurer les informations pertinentes quant aux normes, fournir le support nécessaire, faire miroiter une possibilité d'amélioration et mettre en valeur son potentiel professionnel et personnel[3]. Vous voulez un tuyau? En voici un: Consentir publiquement à atteindre un but en rehausse fortement l'en-

---

1.   E.A. Locke et G.P. Latham, 1991.
2.   H.J. Klein, sous presse.
3.   E.A. Locke et G.P. Latham, 1990.

gagement[1]. Je veux bien d'ailleurs me donner en exemple et être un témoignage vivant de ce que j'avance. Je vous annonce donc, d'ores et déjà, officieusement la parution de mon prochain livre, dont je vous communiquerai d'ailleurs bientôt la date du lancement.

«Je vous invite à garder en mémoire les trois attributs qui qualifient l'effort: c'est-à-dire sa direction, son intensité et sa durée[2]. Il est, bien sûr, important de comprendre ici comment la fixation d'objectifs agit sur nos efforts. D'abord, elle dirige les efforts vers des actions, pertinentes à l'atteinte de l'objectif. Puis, elle régularise l'intensité des efforts en permettant à la personne de les ajuster en fonction des difficultés rencontrées dans l'atteinte de l'objectif fixé. Enfin, se fixer des objectifs augmente la persistance, et ce, malgré la présence d'obstacles. Mettre en place un programme de fixation d'objectifs dans votre entreprise devrait contribuer à éliminer les remarques suivantes: «Je ne sais plus où j'en suis!»

«En ce qui concerne la **complexité de la tâche**, il va sans dire que se fixer des objectifs difficiles et précis stimule la planification[3]. Mais à quoi bon l'effort et l'attention si on n'utilise pas le bon plan et les bonnes stratégies? Évidemment, le niveau de difficulté demeure subjectif; il dépend souvent de l'expérience et de l'habileté de la personne concernée, entre autres. Il faut sans conteste éviter cependant de s'élever jusqu'à un niveau de difficulté impossible à atteindre.

Surfer sur l'objectif

«La teneur des objectifs peut varier du plus vague («Fais de ton mieux!») au plus précis («D'ici dix minutes, tu dois solliciter deux clients potentiels.»). Les objectifs précis répondent à des caractéristiques claires: ils doivent être quantifiables[4] et spécifier une limite de temps. Dans ces conditions, se fixer des objectifs précis maximise la

---

1.   F.R. Hollenbeck, C.R. Williams et H.J. Klein, 1989.

2.   E.A. Locke et G.P. Latham, 1991.

3.   E. Weldon, K.A. Martzke et P. Pradhan, 1990.

4.   On doit pouvoir observer ou évaluer les résultats ou la performance attendue de façon objective.

performance, comme le démontrent encore une fois ici plusieurs chercheurs[1].

«Voici comment cela fonctionne: les gens qui se fixent des objectifs vagues évaluent en général leur performance de façon plus positive. Ils anticipent plus de satisfaction dans l'atteinte de n'importe quel niveau de performance. Nantis d'un objectif vague, ils peuvent évaluer atteindre leur objectif avec toute la latitude de la marge d'interprétation. Ils peuvent se permettre ainsi plus de tolérance face au jugement porté à savoir si leur performance est satisfaisante[2].

«Et voici maintenant le dernier facteur de motivation de la théorie de l'attribution causale de B. Weiner, et non le moindre: la fameuse **chance**! C'est comme si elle croissait grâce au développement de bonnes stratégies[3]. Je me permets de citer ici Stephen Leacock: «*Je crois fermement à la chance et je trouve que plus je travaille, plus elle me sourit.*»

«De plus, monsieur Weiner, en 1992, a analysé les cinq aspects suivants de la motivation:

Le choix	Ce que la personne décide de faire
La latence	Combien de temps il lui faut pour amorcer l'action
L'intensité	La somme des efforts que la personne s'engage à consacrer à la tâche
La persistance	Pendant combien de temps continuera-t-elle à s'investir?
Les réactions affectives	Les sensations et émotions que la personne éprouve avant, pendant et après avoir passé à l'action.

«Nous avons, en début de journée, parlé de l'efficacité personnelle quand nous avons élaboré le cycle de la haute performance. Voyons maintenant ce qu'en a d'abord dit, en 1986, **Albert Bandura**. Étant donné que nous choisissons nos objectifs en regard de notre conviction en ce que nous pouvons, voulons ou devons atteindre,

---

1. M.C. Kernan et R.G. Lord, 1989; K.W. Mossholder, 1980; A.J. Mento, E.A. Locke & H.J. Klein, 1990.
2. E.A. Locke et G.P. Latham, 1991.
3. E.A. Locke et G.P. Latham, 1991.

l'objectif fixé devient alors un compromis entre ce que nous désirons atteindre et ce que nous jugeons possible de réaliser[1].

«L'efficacité personnelle influence directement le choix des activités, l'effort investi dans une tâche, la persistance dans l'atteinte de l'objectif en dépit des obstacles rencontrés[2]; elle augmente également la vigilance de la personne[3]. Une autre caractéristique d'un sentiment d'efficacité personnelle élevé rejoint ce que nous avons vu précédemment: il incite les gens à choisir des objectifs plus difficiles[4]. Ces gens de haut niveau d'efficacité personnelle ont également tendance à prendre davantage leurs responsabilités face aux échecs rencontrés, au lieu d'en blâmer les autres ou de mettre cela sur le compte du hasard. Assumant leurs responsabilités, ces gens n'abandonnent pas facilement face à l'adversité; ils ont plutôt tendance à redoubler d'efforts et à chercher de meilleures stratégies[5].

«Il arrive aussi que certaines réactions et des mécanismes de défense peuvent guider nos choix d'objectifs ou les entraver. La réponse égotiste, par exemple, peut constituer un blocage important sur la route du succès. Dans ce contexte, l'égotisme est cette tendance à garder tout le crédit des succès remportés et à refuser d'endosser le blâme pour les échecs[6]. En fait, en niant sa part de responsabilité face à l'échec ou pour n'avoir pas atteint son objectif, l'individu cherche ainsi à se protéger en attribuant sa défaite à la malchance ou à la complexité de la tâche liée à l'objectif fixé.

«Par ailleurs, une personne peut aussi se fixer systématiquement des objectifs tellement difficiles qu'ils en deviennent irréalisables. Elle évite ainsi de se confronter à ses véritables capacités; elle pourra alors toujours rejeter le blâme sur la situation ou invoquer une difficulté insurmontable, se dérobant ainsi à l'aveu de compétences défaillantes.

---

1.   E.A. Locke et G.P. Latham, 1990.
2.   Albert Bandura, 1986.
3.   E.A. Locke et G.P. Latham, 1990.
4.   E.A. Locke, E. Frederick, C. Lee et P. Bobko, 1984.
5.   P.C. Earley et T.R. Lituchy, 1991.
6.   A. Frankel et M.L. Snyder, 1978.

Et puis, il est possible de se fixer des objectifs par paliers ou objectifs secondaires (ils conduisent en définitive à l'objectif final désiré). De cette façon, on accroît aussi le sentiment d'efficacité personnelle et la personne concernée cultive alors sa confiance en elle-même à chaque petit succès cumulé[1]. L'intérêt, d'ailleurs, c'est que l'objectif paraît beaucoup plus accessible selon la formulation qu'on lui donne. Dites-moi, par exemple, quel objectif vous semble plus encourageant: perdre 30 kilos en un an? ou 2 kilos par mois? Ou encore, si vous devez écrire un livre, trouverez-vous l'objectif de 40 pages par mois plus réaliste que 400 pages à remettre à l'éditeur dans 10 mois?

«Ouf! nous en avons fait du chemin pour en venir enfin à la théorie d'**Abraham Maslow**! En 1943, il pose la théorie suivante: tous les individus présentent un groupe de besoins de base fondamentaux similaires (des besoins primaires aux besoins supérieurs) et doivent les combler au cours de leur existence dans un ordre déterminé. Comme le démontre la figure 5, selon l'ordre hiérarchique que monsieur Maslow donne aux besoins, on retrouve à la base le besoin le plus primaire. Comme on le voit, il est essentiel de satisfaire d'abord ses

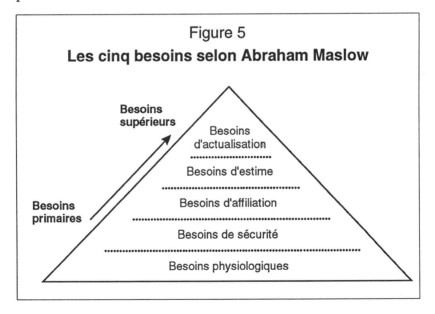

Figure 5
Les cinq besoins selon Abraham Maslow

Besoins supérieurs

Besoins d'actualisation

Besoins d'estime

Besoins primaires

Besoins d'affiliation

Besoins de sécurité

Besoins physiologiques

---

1.   A. Frankel et M.L Snyder, 1978.

besoins physiologiques avant d'espérer satisfaire ses besoins d'actualisation[1].

«Le tableau 4 projeté maintenant sur l'écran nous permet d'établir le contenu de chacune de ces catégories de besoins.

Conscient de l'effort de concentration qu'il leur demande, le conférencier s'arrête un moment, s'éponge le front avec un mouchoir et leur adresse un sourire de triomphe. «Je tiens à vous féliciter: vous tenez le coup aussi bien que moi! Nous allons revoir enfin sous un autre angle la théorie de la fixation d'objectifs.» Après cette mise en situation, le conférencier leur en donne vraiment pour leur argent et repart de plus belle.

«Selon **E.A. Locke** et **G.P. Latham**, ce qui constitue la véritable source de motivation, c'est l'écart entre ce que la personne a vraiment atteint en ce qui a trait à son objectif et ce qu'elle souhaitait atteindre (l'objectif désiré). Cet écart crée nécessairement un sentiment d'insatisfaction qui motive la personne à vouloir réduire cet écart, et enfin pouvoir en retirer une évaluation plus positive d'elle-même. Vous comprendrez ce que j'avance à l'aide de la figure 6 qui illustre très bien cette position. Je vous demande donc de regarder l'écran.

«Au fond, c'est cette insatisfaction de n'avoir pas atteint l'objectif désiré qui pousse la personne à l'action, et c'est la nature de l'objectif qui détermine quel comportement il faut adopter pour y parvenir.

Tableau 4	
Définitions des besoins selon Abraham Maslow	
Besoins physiologiques	Survie (nourriture, eau, sommeil)
Besoins de sécurité	Construction d'un environnement sécuritaire, sans menace
Besoins d'affiliation	L'acceptation par ses pairs
Besoins d'estime	Occuper un rôle reflétant l'être et le potentiel de l'individu
Besoins d'actualisation	Réaliser son plein potentiel

---

1.   F.J. Landy, 1989.

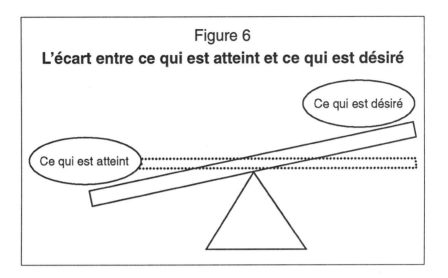

Figure 6

L'écart entre ce qui est atteint et ce qui est désiré

«Pour le moment, prenez le temps d'inscrire dans votre cahier de notes trois situations que vous désirez voir se réaliser dans votre vie et faites le parallèle entre ce que vous souhaitez et votre situation présente.»

En voyant cette figure, Armand prend de plus en plus conscience du fossé qui s'est creusé petit à petit entre son «objectif désiré», c'est-à-dire son succès en affaires, et l'«objectif en voie d'être atteint»: la faillite! À peine ose-t-il s'interroger à savoir si l'écart est aussi grand entre ses rêves personnels et familiaux et leur état actuel.

«Je voudrais attirer votre attention sur un aspect très humain de la fixation d'objectifs. C'est pourquoi je veux parler ici des traits ou des types de personnalité qui influencent nécessairement nos choix d'objectifs.

«Prenons par exemple une personnalité de type A; la plupart du temps, c'est une personne compulsive, qui met toujours les bouchées doubles et essaie de tout faire en moins de temps; c'est aussi une personne que la compétition stimule au plus haut point. Dans cette optique, elle perçoit donc l'atteinte d'un objectif comme une occasion de démontrer sa compétence. Au contraire, une personnalité de type B s'intéressera à l'atteinte d'un objectif fixé, dans la mesure où cet objectif lui procurera un gain[1].

---

1. S.M. Freedman et J.S. Phillips, 1988.

«Ils sont nombreux ces autres facteurs pris dans un contexte de situation bien précise qui ont aussi leur incidence sur le choix de nos objectifs. J'ai tout juste le temps ici de les survoler, mais je vous laisse le soin d'y réfléchir plus avant. À la lumière de tout ce que nous avons vu jusqu'ici, je suis persuadé que vous saurez bien comprendre en quoi ces facteurs influent sur les choix d'objectifs fixés. Je veux parler, entre autres, de la pression que les pairs exercent, ou une personne qui fait autorité – je ne parle pas de vous, bien sûr! – les modèles idéalisés, les normes culturelles, les gains, les récompenses et même les sanctions possibles».

Le conférencier s'arrête soudain, sourit, et, histoire de détendre l'atmosphère, fait mine de s'effondrer sur l'estrade. Avec sa mimique impayable, il s'adresse aux participants réunis qui attendent impatiemment la suite: «Ouf! ne trouvez-vous pas qu'un résumé s'impose? Le tableau 5 vous propose une synthèse des principaux éléments des théories sur la motivation, de ce qui fait qu'on passe à l'action et le

Tableau 5
Résumé des modèles de théories sur la motivation

Théories sur la motivation	Ce qui énergise ou pousse à l'action	Ce qui détermine l'action choisie
La théorie psychanalytique (Sigmund Freud)	Les pulsions (ou instincts)	La dynamique psychique inconsciente
La théorie de la tendance (Clark Hull)	La tendance (besoins physiologiques)	L'habitude (activité apprise menant à la satisfaction du besoin)
Le modèle behavioriste (B.F. Skinner)	Les besoins	Les renforcements extérieurs et les conséquences négatives
La motivation d'accomplissement (J.W. Atkinson)	Le besoin d'accomplissement	L'anticipation de réussite et la valeur qu'on y accorde
La théorie de l'attribution causale (B. Weiner)	Les habiletés, l'effort ou l'engagement, la complexité de la tâche ou la chance	Les attributions causales et les succès que nous souhaitons atteindre
La théorie de l'efficacité personnelle (Albert Bandura)	La recherche d'une image de soi positive	La perception d'efficacité personnelle
La théorie des besoins (Abraham Maslow)	Les besoins physiologiques et psychologiques	La volonté de satisfaire ces besoins
La théorie de la fixation d'objectifs (E.A. Locke & G.P. Latham)	L'insatisfaction causée par l'écart entre l'objectif atteint et l'objectif désiré	La nature de l'objectif désiré

comportement sous-jacent qui pousse à agir. Vous l'avez à l'écran, mais vous le retrouverez aussi dans votre cahier de notes:

«Et voilà: pour vous aider à déterminer le choix des objectifs que vous voulez vous fixer, je vous suggère cinq questions très pertinentes. Elles vous serviront d'amuse-gueules avant votre plat de résistance, car c'est l'heure du repas. Blague à part, mettez-vous ces questions sous la dent, vous ne devriez pas les trouver trop coriaces:

1. Cet objectif est-il vraiment *le mien*?

2. Est-il honnête et équitable pour toutes les personnes concernées?

3. Est-il en accord avec mes autres objectifs?

4. Puis-je l'atteindre sur le plan affectif?

5. Puis-je me voir en train de l'atteindre?

«Je vous laisse donc sur ces questions qui ne manquent pas d'intérêt et je vous souhaite bon appétit! Si vous le voulez bien, nous nous retrouverons ici à 13 h 30.»

Juste avant de quitter la salle, un participant des plus enthousiastes se presse en direction du conférencier, désireux de le féliciter.

«Permettez-moi de vous complimenter. C'est tout un tour de force que vous nous offrez là! Votre survol des différentes théories sur la motivation est fort intéressant, je voulais en témoigner. Vraiment, vous avez l'art de les présenter pour qu'elles ne soient pas trop soporifiques. Merci!

— C'est moi qui vous remercie, monsieur. Vous ne pouvez savoir à quel point votre remarque vaut son pesant d'or pour moi. Elle représente à elle seule toute une main d'applaudissements.»

Sans trop vouloir se l'avouer, Armand s'est souvent senti visé et même directement concerné par les propos du conférencier, tout comme s'il lisait dans ses pensées. Ne regardait-il pas d'ailleurs très souvent dans sa direction? *Bon, ça y est! Peu s'en faut que je devienne parano. J'ai mieux à faire. Pourquoi ne pas tenter plutôt de me retrouver à la même table que Marie-Christine?* En galant homme, il recule pour la laisser passer d'abord, mais, manque de pot! la foule les sépare aussitôt.

Des besoins primaires à satisfaire

La salle à manger fourmille de monde et bourdonne des conversations des convives et du tintement des ustensiles sur les assiettes. Faute d'être attablé avec Marie-Christine, Armand s'est du moins placé à proximité. Elle est donc dans son champ de vision. Avec un peu de chance, en synchronisant son repas sur le sien, il parviendra peut-être à échanger avec elle avant de reprendre le séminaire de l'après-midi.

Chose certaine, avec un président à sa gauche et un autre à sa droite, rien d'étonnant à ce que les sujets abordés relèvent du domaine *professionnel*, n'est-ce pas? Et pourquoi ne pas en profiter pour joindre l'utile à l'agréable? Entre le potage et la salade, on glane des informations. Qui sait? elles serviront peut-être un jour? Entre le *veau parmigiano* et le dessert, on échange des cartes professionnelles; au café, on parvient même à certaines ententes qu'on scelle d'une poignée de mains.

Armand jette un coup d'œil à sa montre et un autre à Marie-Christine. Elle soutient une conversation ma foi fort animée avec son voisin. Elle sirote d'ailleurs une deuxième tasse de café. *Eh bien! ce n'est pas aujourd'hui que nous allons faire plus ample connaissance*, songe Armand, *c'est bien ma veine!* S'il veut téléphoner au bureau, c'est le moment ou jamais. Au moment de quitter la pièce, il réussit tout de même à capter son attention. Elle lui adresse un sourire. *Elle n'est pas tout à fait indifférente à moi*, pense-t-il. Armand s'éclipse, sans toutefois remarquer le conférencier s'échapper lui aussi, Marie-Christine le suit de près.

Armand se tient un peu à l'écart, loin des bruits environnants et, grâce à son cellulaire, accessoire essentiel à un homme d'affaires de sa trempe, il communique avec son bureau pour savoir si tout se passe bien. Toujours aussi empressée et loyale, Claudette lui fait un compte rendu comme il les aime: bref, se bornant à l'essentiel, sans fioriture, mais sans négliger les principaux détails. Il ne peut s'empêcher de l'imaginer, assise bien droite sur sa chaise, sérieuse, cheveux gris, coiffure sévère, vêtements de coupe classique, sans originalité. À soixante ans passés, elle n'est plus des plus pimpantes, mais qu'à cela ne tienne, elle possède une vaste expérience et une conscience professionnelle sans faille. Et puis comment pourrait-il se passer de cette efficacité et de cette compétence hors pair après tant d'années de loyaux services? Pour être sincère, cependant, autant de rigueur le lasse parfois un peu.

Comme une meute de loups prêts à fondre sur lui au moinde signe de faiblesse, nombre de fournisseurs et de créanciers le guettent, dont il est la proie. Dieu soit loué! il n'est pas au bureau aujourd'hui! Au fond, cette journée lui procure un moment de répit et peut-être même des solutions vraiment intéressantes. Sans trop s'éterniser, il met fin plutôt sèchement à la conversation avec sa secrétaire et rappelle une seule personne: sa femme. Elle veut certainement lui parler du dîner d'anniversaire, ce soir. Il ne saurait oublier cet événement mémorable. Sa Nadia a 20 ans!

Après un bref échange avec Marie-Christine, le conférencier se retire dans sa chambre, se douche de nouveau et enfile des vêtements propres. L'avant-midi s'est si bien déroulé qu'il est maintenant pleinement confiant pour le reste. Il ne peut toutefois s'empêcher de réviser ses notes. Une citation de Terry Orlick, notée en 1990, lui vient à l'esprit: «*Nobody hands you excellence on a silver platter. You earn it through planning, preparing and persisting in the face of all obstacles.*»[1] C'est le genre de réflexion que tout bon conférencier se plaît à citer publiquement avec conviction, le sachant fort bien pour l'avoir expérimenté: L'effort mène au succès.

Puissance de l'imaginaire

À peine Armand a-t-il le temps de saluer Marie-Christine que le conférencier entame déjà le volet final de cette journée très enrichissante et ô combien documentée.

---

1. «Personne ne vous tend l'excellence sur un plateau d'argent. Vous la méritez à force d'organisation, de préparation et de persistance face à tous les obstacles.»

«Dans cette dernière partie de notre rencontre, je veux entrer dans le cœur d'un sujet extrêmement important, mais que la plupart des gestionnaires ignorent trop souvent ou rejettent, faute de le connaître. Je l'avoue, il s'agit d'un thème que je privilégie: la **visualisation créatrice**, souvent définie, et à tort, comme un domaine réservé aux rêveurs, aux artistes et aux créatifs. Et quand on parle de visualisation créatrice, on traite par le fait même d'imagerie mentale. Mais, pour bien camper la matière, prenons d'abord le temps de la situer dans l'histoire.

«L'imagerie est un mode d'expression de la pensée qui existe certes depuis des temps immémoriaux. Quant à vouloir déterminer à quel moment on s'est mis à l'employer, j'y renonce; mais quoi qu'il en soit, l'être humain a éprouvé un jour le besoin de mettre toutes ses images en mots: c'était la naissance du langage.

«Il est clair aussi que les Grecs de l'Antiquité connaissaient l'imagerie quant à son rôle pour faciliter la mémorisation. Ce sont eux qui, les premiers, ont mis au point une formule appelée méthode des lieux, méthode qui permettait de remémorer certains objets par association d'images de lieux. Pour donner un exemple contemporain et très courant, parlons de mémoriser une liste d'épicerie. Cette méthode consiste donc à associer un lieu, dans ce cas-ci une pièce, à chacun des articles ou produits de ladite liste. Ainsi, si vous associez le beurre avec le salon, le lait avec la cuisine, ou le pain avec la chambre, vous pourrez, une fois à l'épicerie, faire en quelque sorte le tour du propriétaire et visiter mentalement votre maison; chaque pièce vous rappelant un aliment ou un produit par association[1].

«En 1909, G.H. Betts a publié un des premiers ouvrages scientifiques traitant de l'imagerie mentale. En 1942, Jacobson a été le précurseur des recherches sur l'impact de l'imagerie mentale sur le corps en mesurant la contraction des muscles utilisés lors de la course à pied chez une personne qui s'imaginait en train de courir. Conclusion: une contraction, somme toute minime, mais cependant nettement mesurable. Le muscle s'était développé, même en imagination.

---

1.   Yates, 1966.

«En raison du discrédit que les behavioristes jettent sur le phénomène qu'ils limitent au comportement observable, l'étude de l'imagerie mentale est mise en veilleuse. Après tout, seul le sujet qui génère les images y a véritablement accès; il faut surtout se fier à ce qu'il rapporte!

«Quelque 20 ans plus tard, avec l'émergence du courant cognitif, l'imagerie mentale est redevenue un sujet d'étude légitime en psychologie. Plusieurs études portent sur l'imagerie, plus précisément quant à son influence sur le système nerveux autonome et le contrôle qu'il exerce sur la pression sanguine, sur les battements du cœur et sur la transpiration, entre autres.

«Nous commençons tout juste à étudier ce thème, mais je peux d'ores et déjà faire une parenthèse dans l'évolution de la visualisation créatrice au cours de l'histoire; histoire justement de piquer votre curiosité pour en découvrir davantage sur le sujet. Eh bien! voilà la révélation que je veux vous faire: La visualisation créatrice augmente le chiffre d'affaires! Et ça, d'importantes entreprises l'ont vite compris! Après avoir étudié les diverses recherches scientifiques, elles ont décidé de mettre ces méthodes en pratique pour leur propre bénéfice. Laissez-moi d'ailleurs vous donner un exemple frappant de ces principes en application.

«En effet, une multinationale fait appel à l'imagerie mentale en utilisant un mot de cinq lettres qui commence par la lettre «P» et se termine par la lettre «A». Ce mot ne donne pas le nom de l'entreprise, mais correspond à l'un de ses nombreux produits – non pas sa spécialité – et vendu d'ailleurs par plusieurs autres entreprises. Et pourtant, je vous garantis qu'en voyant ce mot, partout où cette entreprise a des ramifications: tous pourront immédiatement lui donner un nom.»

Intrigués, les participants veulent satisfaire leur curiosité. Tous les gens d'affaires rêvent d'une publicité d'une telle efficacité!

Lentement, le conférencier dévoile une à une les lettres du mot à l'écran. L'intérêt est palpable, on sent sourdre une effervescence, la salle retient son souffle. Puis soudain, l'enchantement est rompu. Dès la troisième lettre, tous unanimement reconnaissent l'entreprise en question. Chacun y va de son commentaire médusé: «*Bien sûr!*

Comment n'y ai-je pas pensé plus tôt?» Le produit qu'on cherchait si ardemment à découvrir, c'est la fameuse «PIZZA» de McDonald's: dont les deux «*ZZ*» du mot deviennent sous la plume du designer deux M de McDonald's, dont le M est si caractéristique, et est la principale marque de commerce de l'entreprise. Vraiment, l'idée est tout à fait géniale et d'une efficacité formidable. Content de l'effet de surprise qu'il a provoqué, le conférencier poursuit:

«N'a-t-on pas toujours dit, et avec raison: «*Une image vaut mille mots?* Je viens de vous donner une preuve tangible et on ne peut plus connue du «pouvoir» de l'image! Mais poursuivons un peu sur ce sujet des plus fascinants.

Le docteur Karen Olness, professeur de pédiatrie au *Case Western Reserve University*, a obtenu des résultats troublants auprès de patients auxquels elle avait enseigné différentes techniques de visualisation. Ces gens souffraient de diverses maladies: le cancer, l'hémophilie, l'arthrite, l'asthme, des maladies chroniques.

«"Grâce à cette méthode où la visualisation devient un facteur de guérison, des enfants obtiennent vite des résultats exceptionnels", de renchérir le docteur Bernie Siegel[1], "car les enfants ne font pas encore vraiment la différence entre le réel et l'imaginaire". Les adultes, quant à eux, éprouvent beaucoup plus de difficulté à utiliser la visualisation, car ils font intervenir des contraintes de niveau rationnel!»

Des rires quelque peu embarrassés fusent de toutes parts dans la salle.

«Preuves à l'appui, voici quelques exemples d'images utilisées par les enfants dans leurs démarches de guérison: certains voyaient des cellules déguisées en *PacMen* détruire leurs cellules cancéreuses. Un autre enfant imaginait que son cancer était représenté par de la nourriture pour chats, et ses cellules saines comme autant de jolis petits chats très gourmands! Un autre encore visualisait des oiseaux et, bien sûr, une abondance de graines pour eux.

«Depuis dix ans, ces méthodes sont devenues sans conteste un élément clé pour le traitement de nombreuses maladies. Mais, entre

---

1.   *La paix, l'amour et la santé.*

nous, est-il nécessaire, dites-moi, d'attendre que la maladie nous frappe pour y avoir recours? En gestion des affaires, quand vous constatez qu'une méthode possède les qualités suivantes: simple, facile à utiliser et à enseigner, et, surtout, suprêmement efficace, n'avez-vous pas aussitôt le goût de l'utiliser?

«J'espère vraiment avoir suscité en vous un intérêt assez marqué pour l'imagerie mentale, car je vous propose de nous retrouver dans quinze jours, soit le vendredi 12 avril, pour une conférence complètement axée sur cette technique avant-gardiste, dont je vous ai communiqué tout au plus l'a b c. Ensuite, je vous parlerai d'un programme de fixation d'objectifs que vous pourriez avantageusement proposer à vos cadres ou à votre personnel afin d'en faire profiter pleinement votre entreprise.

«Je vous remercie de votre attention et vous souhaite un week-end des plus agréables. Les intéressés trouveront sur les tables, à la sortie, de la documentation et un formulaire d'inscription pour la conférence sur la visualisation créatrice.»

L'auditoire l'applaudit à tout rompre. Le conférencier se retire, les participants aussi. C'est plutôt dommage pour Armand, car Marie-Christine, cette fois-ci, semble toute disposée à entamer la conversation. Désolé, Armand est pressé; il lui explique le repas en famille au chalet dans les Laurentides, l'anniversaire de sa fille, la circulation infernale sur l'autoroute à cette heure. Ils échangent rapidement une poignée de mains; anticipent le plaisir de se revoir à la prochaine conférence, sait-on jamais.

«Votre journée était intéressante, monsieur?

— Oui Raymond, tout compte fait, j'ai bien apprécié. Ces questions d'imagerie mentale sont plutôt fascinantes, j'en ai été fort intrigué. C'est pourquoi j'assisterai bientôt à une conférence consacrée exclusivement à ce sujet. Comme cette technique est grandement utilisée pour améliorer les performances des athlètes, j'ai l'intention d'y inscrire Nadia aussi. On s'en sert même pour favoriser la guérison du cancer, vous vous rendez compte de sa puissance?

— Ah bon! En ce qui me concerne, j'ai toujours considéré le cancer comme la maladie du déséquilibre.»

Armand regarde son chauffeur avec étonnement.

«Que voulez-vous dire?

— À ma connaissance, il s'agit de cellules qui prolifèrent en abondance; tant et si bien qu'elles envahissent et détruisent toutes les autres, n'est-ce pas?

— C'est bien ça.

— Et si nous mettions en parallèle ces cellules dévastatrices et nos pensées négatives, monsieur? Nos pensées négatives se multiplient et, s'y nous n'y prenons pas garde, parviennent à envahir le champ de notre conscience. Elles engendrent alors des résultats tout aussi négatifs que ces cellules cancéreuses. Il y a tout lieu d'y réfléchir.

— Seule la mort met fin à cette prolifération, paraît-il.

— Des enfants ne sont-ils pas parvenus à guérir leur cancer, monsieur? Vous sembliez bien le dire tantôt...»

Quelque peu impatient, Armand répond sèchement.

«Oui, bien sûr, bien sûr. Et comment se débarrasse-t-on de ses idées noires, Raymond?

— On peut certes difficilement arrêter de penser, monsieur. Mais on peut du moins changer la couleur de nos pensées.»

Armand s'étonne encore.

«Que voulez-vous dire?

— Vous le savez déjà, monsieur, ne m'avez-vous pas toujours dit: "Les gens d'affaires pensent en termes de solutions, et non de problèmes." Je crois plus facile de chasser les idées négatives en les remplaçant par des idées positives, tout simplement.»

Armand se laisse aller sur le siège confortable de la limousine, ferme les yeux quelques instants. Il est plus facile de guérir un cancer qui ronge si on le soigne dès le début, dit-on. Est-ce trop tard pour Fernande et lui? Elle lui parle de suivre une thérapie de couple. Il a déjà tant de problèmes à résoudre! *Mais ça, c'est une solution*, rétorquerait sans doute Raymond.

Deuxième partie

En famille...

Chapitre 3

Le feu dans l'âtre

*T*out à son décor douillet, Fernande sirote son cognac. Elle a pourtant fait l'effort d'attendre que l'horloge soit sur le coup de 16 h avant de se servir un apéritif. Mais à quoi bon languir? Comme d'habitude, Armand arrivera trop tard. Faute de mieux, l'alcool lui flatte le palais et enflamme délicieusement sa poitrine. C'est agréable. *On se réconforte et on se réchauffe comme on peut!*, songe-t-elle non sans une pointe d'amertume et d'angoisse. *La joie s'absente de mon cœur... La joie s'absente de mon cœur...* Un petit sourire fielleux lui tire méchamment le coin de la bouche. Jeu de mots *signifiants*, dirait son thérapeute...

Assise dans ce salon immense au mobilier cossu et confortable, où les baies vitrées s'ouvrent sur la nature et laissent pénétrer abondamment la lumière, Fernande laisse tour à tour son regard la mener où bon lui semble. De la surface du lac gelé où elle perçoit le fin duvet de neige, telle une brume vaporeuse, paresseuse, aux bibelots de rêve, témoins de leurs nombreux voyages – une époque malheureusement révolue – ses yeux s'arrêtent çà et là sur le foyer majestueux où chaque flamme attise sa paix intérieure, mais l'âtre est éteint pour l'instant; aux photos de famille, de sa Nadia à différentes périodes de sa vie, aux innombrables trophées, disposés sur le manteau de la cheminée. La belle Nadia aux cheveux cendrés. Fernande passe une main distraite dans les siens, châtains et sans une mèche grise encore. Un livre ouvert sur les genoux, traitant de la liberté dans la relation affective, elle frissonne un peu. *La liberté? Je me sens pourtant tellement prisonnière dans cette cage dorée.*

On ne lui donne pas ses 43 ans. Mince, corps bien proportionné, on la remarque encore... *On?* Du bout des doigts, elle caresse doucement sa joue satinée. *Belle? Oui, sans doute... peut-être plus pour très longtemps, je suppose. Elle tient à en profiter encore. Avec Armand? Mais Armand n'est jamais là, enfin, jamais «vraiment» tout à fait là. Ou peut-être avec...*

Soudain, elle reprend le livre abandonné, en lit certains paragraphes, l'esprit tout à fait ailleurs, perdue dans ses pensées. *Au fond, moi non plus je ne suis pas «vraiment» là! Mais où suis-je donc? Où en suis-je? Je devrais peut-être allumer tout de suite du feu. Pourquoi attendre Armand?* Grâce à sa thérapie, elle apprend de plus en plus à compter sur elle-même. Amère, elle se laisse aller à un constat un tant soit peu désespéré. *Est-ce normal une telle répartition des tâches dans un couple? Monsieur s'occupe de «ses» affaires, et moi je m'occupe de «nos» affaires! Mon Dieu! ma situation n'est guère plus enviable que celle de mes pauvres plantes: elles manquent d'eau et moi j'étouffe, tellement je manque d'air!*

Fernande exhale un soupir profond. *Je dois absolument me secouer, car je m'étiole peu à peu!* Décidément, l'analogie avec les plantes ne la quitte guère. Pour dire vrai, elle se sent comme une fleur arrachée qu'on a piétinée sans vergogne! *Je ne veux pas être du nombre de ces femmes d'hommes d'affaires siégeant dans des comités de bienfaisance pour compenser la sempiternelle absence de leur mari. Je ne veux pas ressembler à toutes celles-là et faire du bénévolat, ou m'engager dans toutes sortes d'organismes pour rehausser mon image, mon prestige, ou chercher à flatter mon ego! Mais pourquoi me le cacher? Je préside déjà des assemblées pour ces organismes et j'en ai par-dessus la tête!*

D'un geste sec, elle vide son verre d'un seul coup, ferme son livre, se lève. *Bon! finies les jérémiades! C'est fête aujourd'hui. D'abord, j'arrose les plantes, j'allume le feu dans la cheminée. Tiens! Dans le même ordre d'idées, je mets le disque de Jean-Pierre Ferland*[1]. *Je me refais une beauté. Je serai fin prête pour recevoir... le traiteur!*

---

1.   Chansonnier québécois, auteur de la chanson intitulée «Fais du feu dans la cheminée».

À son arrivée, Armand trouve sa femme et sa fille, trinquant devant un bon feu de foyer. Toute la maison embaume de ce bois fumant et des arômes de la cuisine. Fernande et Nadia prennent l'apéro, leur conversation est ponctuée du crépitement du feu et admirablement environnée des accents chauds de la voix de Céline Dion. *Quelle magnifique réussite*, songe Armand. *Cette petite croyait en ses rêves, elle a eu raison d'y croire, et a prouvé envers et contre tous qu'elle pouvait réussir.* La table magnifiquement dressée, alliée à l'ambiance, tout cela contribue à réchauffer le cœur et creuser l'estomac d'Armand. Il sourit, songeur: *Tout bien considéré, au fond, ça ne va peut-être pas si mal!*

«Bonsoir, charmantes dames! Désolé d'être en retard, mais la conférence a empiété sur l'horaire prévu. C'était très intéressant. Je t'en reparlerai d'ailleurs, Nadia. Vous ne pouvez vous imaginer à quel point la circulation est dense sur l'autoroute à cette heure-ci. On avançait à peine plus vite que des tortues, et je n'exagère pas!

– Comme toujours», fait doucement Fernande avec un petit sourire complice destiné à sa fille. Armand choisit de ne pas relever cette remarque et continue sur sa lancée, tout en se préparant un double cognac.

«Ça va te plaire, j'en suis certain. De plus, nous pourrons passer un moment ensemble! Il jette un coup d'œil en direction de Fernande pour évaluer son effet. Ta mère ne pourra pas me reprocher de ne pas faire d'effort pour passer du temps en famille. Mais avant tout, laisse-moi t'embrasser.»

Il se penche pour embrasser sa fille sur les deux joues.

«Comment ça va, ma poupée?

– Papa, veux-tu s'il te plaît ne pas m'appeler comme ça? Je déteste ça et tu le sais très bien pourtant.»

Il s'esclaffe.

«Je ne peux pas m'en empêcher, tu es si belle, ma chérie! Tu pourrais être avantageusement comparée avec toutes les beautés du monde!»

Oui, il n'y a pas de doute, Nadia est très jolie. Petite, de visage fin, elle possède une allure très féminine et des paillettes d'or brillent dans ses yeux bruns. La natation est une priorité dans sa vie – peut-être pas tout à fait la sienne cependant – elle n'a donc jamais eu beaucoup de temps à consacrer aux garçons. En père un peu égoïste, Armand s'en félicite. De plus, il la perdra moins vite.

«Tu t'entraînes toujours avec autant d'ardeur?

– Oui, oui, ne t'en fais pas, papa.

– Hum! à ce que je vois, l'enthousiasme n'y est pas! Je vais t'en redonner, moi, en te parlant de ma journée.»

Il embrasse maintenant Fernande, dont il ne remarque pas la robe neuve.

«Mais d'abord ton cadeau, mon bébé.»

Sous ce nouveau sobriquet, Nadia sourcille. Sans plus attendre, Armand sort de sa poche de gousset un petit écrin enveloppé avec soin. *C'est sûrement l'œuvre de la caissière*, songe Fernande. Nadia, dont les yeux étincellent à la perspective d'une autre étrenne extravagante de son père, ouvre le charmant présent. Elle en est tout aussi avide que son père dont elle connaît le goût exquis. Elle soulève doucement le couvercle de l'écrin de velours vert et demeure stupéfaite. Son regard est interrogateur.

«Je les ai achetées à Paris, lors de mon dernier voyage.

– C'est magnifique, papa. Mais il en manque une! Ou bien, est-ce une nouvelle mode? Dois-je la porter au nombril?»

Intriguée, Fernande se penche et admire cette unique boucle d'oreille sertie de diamants.

«Mais non, je garde la deuxième pour un événement très spécial, ma puce, ce jour où tu remporteras la médaille d'or aux Jeux olympiques d'Atlanta!»

La phrase tombe à plat, comme une douche glacée. Nadia ne cache pas son désarroi, sa déception.

«C'est pour t'encourager, mon lapin!

– Papa! si tu n'arrêtes pas, toute la ménagerie va y passer!

Armand s'offusque, inconscient des sentiments contradictoires soulevés.

«Tu n'es pas contente? Tu ne me dis même pas merci!»

Fernande se lève, cherchant manifestement à créer une diversion.

«Si on passait à table, j'ai une faim de loup.»

Nadia lui jette un regard oblique: décidément, la ménagerie s'agrandit!

«Merci, papa, elle est très belle.»

Armand se raidit sous le baiser furtif de sa fille. Avant de gagner la salle à manger, où Fernande allume les bougies, il se sert de nouveau un double cognac.

Formation express

Chose certaine, rien n'a été négligé pour le repas. Tout le gratin des Laurentides pourrait y être invité sans problème et les hôtes n'auraient pas à rougir d'embarras, tant les mets sont raffinés et le menu évocateur.

Au potage Parmentier décoré de piment rouge, Armand leur parle du conférencier; à l'entrée d'escargots dans leur nage persillée, il invente une histoire pour justifier son intérêt et son inscription à cette première journée; à la salade de fraîcheurs vertes, il leur résume l'avant-midi; aux cailles dans leur nid de légumes, il ne tarit pas d'éloges pour l'après-midi; aux fromages, le verbe généreux, il leur vante les mérites de la visualisation créatrice.

«Servez-nous le dessert maintenant», annonce-t-il d'une voix un peu trop forte, déboutonnant d'une main son pantalon et se versant encore un peu de vin de l'autre. «Souffle les bougies, ma biche... ma fille», se rattrape-t-il juste à temps. «Ensuite, je te fais une proposition!»

Sitôt les bougies éteintes, Fernande dépose une enveloppe devant sa fille.

«Encore un cadeau? s'étonne Nadia.

Armand fronce les sourcils. Fernande avait pourtant été prévenue du cadeau ramené de Paris! Nadia ouvre l'enveloppe et, pour la deuxième fois ce soir, en est atterrée. C'est une photographie, mais pas n'importe laquelle. Tour à tour, son visage devient livide, puis elle rosit. Elle pose sur sa mère un regard incrédule, un espoir surgit au tréfonds de son être, sa voix tremble.

«Maman? si je comprends bien...

— Oui, chérie, tu as très bien compris: il s'appelle «Liberté», et il est à toi...

Dérouté, Armand se lève en titubant un peu. Derrière l'épaule de Nadia, il découvre lui aussi avec étonnement la photographie d'un cheval magnifique.

«Un cheval? tu lui as acheté un cheval?»

Armand reste là, en plan, abasourdi. Personne d'ailleurs ne l'écoute. Nadia pleure de joie et d'émotion mêlée dans les bras de sa mère.

«Pourquoi un cheval? Je ne comprends pas. Fernande, explique-moi...»

Tiraillée entre le désarroi de son mari et le bonheur de sa fille, Fernande, d'une voix bouleversée, dit enfin:

«Voyons, Armand, Nadia a toujours adoré l'équitation, tu le sais bien...

— Oui, elle aimait bien les chevaux quand elle était petite. Je m'en souviens. Mais dans la vie, on ne peut pas exceller en tout, il faut faire des choix. Je l'ai toujours dit. Moi, par exemple, je me suis spécialisé dans certains marchés. On ne peut pas courir deux lièvres à la fois, sinon les deux nous échappent! Nadia a pris une excellente décision en choisissant la natation. De toute façon, j'ai horreur des animaux! Ça sent mauvais, et puis c'est bête!»»

Il est le seul à rire de son jeu de mots un peu facile.

«Et puis, c'est dangereux, les chevaux. Nadia, ma fille unique, ma perle rare – bien plus, mon «diamant» précieux – je ne veux pas courir le risque de la perdre! Te rappelles-tu au moins sa chute, Fernande? Elle était si petite! Le cheval aurait pu se cabrer et lui passer sur le corps, lui fracturer la colonne, lui fracasser la tête...»

Armand reprend son souffle et achève dans un murmure:

«Elle aurait pu mourir ou être infirme pour le reste de ses jours...

– Papa, arrête!

– Je m'en souviens très bien, Armand.»

Nadia, craignant une avalanche de doléances sans fin, s'empresse à son tour de faire diversion.

«Tu voulais me parler de la conférence, papa?»

Ramené à son projet initial, Armand en oublie pour le moment le cadeau étrange, et repart au triple galop dans une direction plus intéressante pour lui.

«Oui, oui! la visualisation créatrice! Comme championne en herbe, tu comprends certainement à quel point cette technique est importante pour toi, Nadia? Je nous ai donc inscrits dans quinze jours à une conférence sur le sujet. Avec ça, mon cœur, nous sommes sûrs de la médaille d'or..., il lui lance un clin d'œil révélateur, et de la deuxième boucle d'oreille!

– Comment as-tu pu faire ça sans me consulter, papa, tu ne sais même pas si je suis disponible?

– Ce n'est pas grave, si tu as déjà quelque chose de prévu, tu annuleras, c'est tout!»

Nadia regarde tristement son père se servir un autre doigt de vin.

«C'est ça, c'est ça, j'annulerai.

– Rien n'est plus important que notre médaille d'or, Nadia, tous nos objectifs doivent y tendre. En parlant d'objectifs, d'ailleurs, je vais peut-être même inscrire mes cadres à un séminaire. Il s'agit d'un programme de fixation d'objectifs où il est également question de visualisation.

– Armand, fais attention, tu renverses du vin partout. Tu as pourtant bien assez bu.»

Sa colère éclate. C'est la goutte qui fait déborder le verre, pourrait-on dire. Richard Massé et son ultimatum, la pression de sa fille comme participante aux Jeux olympiques, l'indifférence de sa femme, le cheval, tout le contrarie.

«S'il te plaît! Un objectif à la fois! J'ai arrêté de fumer, c'est déjà très méritoire! Je ne peux pas tout faire en même temps! Je suis chez moi, nous fêtons les 20 ans de ma fille. Et puis, pourquoi me justifier? Je suis sûrement assez grand pour choisir mes propres objectifs! C'est «ma» vie, et j'aimerais bien pouvoir la contrôler moi-même! Me suis-je bien fait comprendre?

Un silence profond et difficile à soutenir s'installe après ce débordement inattendu. Sentant le regard des deux femmes de sa vie posé sur lui, Armand cherche à le rompre de façon à dédramatiser cet excès verbal. Il s'efforce de sourire.

«Excusez-moi, je ne comprends pas pourquoi je suis sorti de mes gonds à ce point. Oublions tout ça. Je trinque à ton anniversaire, ma chérie!

– Je trouve ça très bien, Armand, cette idée de programme d'objectifs pour ton entreprise.

– Oui, ça devrait être valable pour tout le monde et faire grimper le chiffre d'affaires aussi, paraît-il.

– Pourquoi n'aurions-nous pas aussi un programme d'objectifs pour notre vie de couple?»

Armand éclate de rire et explique patiemment à Fernande:

«Mais non, Fernande, tu ne comprends pas, je te parle d'un programme d'objectifs professionnels. Et puis, elle est bien, notre vie de couple, non? Tu ne manques de rien. Regarde un peu autour de toi! Tu représentes parfaitement ce vieux dicton: «Se plaindre le ventre plein.» Je te suggère aussi de parler avec Raymond, tiens. Ce vieux bougre a des raisonnements pour le moins étonnants parfois. Il te dirait de cesser de ruminer des idées noires. Je lui demanderai de quelle couleur il les préfère.»

Il rit de l'incompréhension manifeste de ses compagnes.

«Je vais peut-être lui demander aussi de me communiquer sa philosophie sur les femmes. J'ai parfois la désagréable impression de n'y rien comprendre! Mais comme je ne suis pas le seul, ça me rassure. Bon, c'est assez de parler pour ne rien dire! Je vous laisse entre femmes, à votre belle complicité. Quant à moi, je vais me coucher.

Il les embrasse tour à tour sur le front tout en prenant bien soin de saisir au passage un verre ballon et la bouteille de cognac.

Chapitre 4

Un nouveau paradigme

*A*rmand s'impatiente dans le hall de l'hôtel. Nadia sait pourtant combien il a horreur d'attendre. Et puis, c'est aussi dans son intérêt! Bien sûr, il a avisé Richard Massé de son initiative, et il en a même vérifié l'efficacité, car son directeur de caisse amadoué l'a grandement félicité et encouragé.

Au bout du hall, il aperçoit Marie-Christine, agitant la main à son intention. Il lui sourit et se détourne, embarrassé. Nadia sera là dans quelques instants. Il repense à son week-end d'anniversaire...

Ce vendredi-là, il ne s'est même pas rendu compte du moment où Fernande est venue se coucher. À son réveil, elle préparait déjà le petit-déjeuner! Elle aurait pu ne pas dormir avec lui, et même découcher... ou dormir avec quelqu'un d'autre. Fernande avec un amant? Vraiment, ça ne tourne pas trop rond dans le ciboulot!

Armand se secoue, marche un peu devant la porte d'entrée. *Changer la couleur de mes pensées.* Pourtant, quand Nadia est partie, Fernande lui a proposé de faire une promenade. Le soleil radieux se donnait des airs de printemps. *Et j'ai refusé, invoquant un énorme mal de tête, plutôt normal un lendemain de veille!*

«Ça te ferait du bien, justement...

— Non, merci, j'avoue que je n'y crois pas trop; tu te mettrais plutôt à parler. Comprends-moi, je sors à peine d'une conférence, j'ai plutôt besoin de silence. Vas-y toute seule, si toutefois tu le permets, je vais en profiter pour ne rien faire!

Mais Fernande n'a pas démordu. Au dîner, elle a de nouveau relancé son idée d'objectifs de vie de couple. Elle a parlé en long et en large de son groupe en thérapie, de ses lectures en psychologie, de sa démarche, de son processus de croissance et d'épanouissement, et ainsi de suite, alléluia! S'il faut vraiment faire tout ça pour mener ses affaires de cœur, je n'en finirai jamais!

De plus en plus excédé, et pour ne pas trop s'impatienter, il a allumé la télé pour regarder la partie de hockey, tout en écoutant d'une oreille distraite Fernande discourir sur des solutions pour ranimer leur vie de couple.

«Ça ne t'intéresse pas, n'est-ce pas?

— Essaie de comprendre. Je travaille dur toute la semaine, je participe à toutes sortes d'assemblées par affaires; j'ai des réunions le soir, des voyages d'affaires, des déjeuners-conférences, des campagnes de publicité à organiser, des rencontres de motivation et de formation de nos représentants à la vente. Ma vie professionnelle est remplie à ras bord. Je souhaite simplement pouvoir retrouver un peu de paix dans ma maison de campagne, le week-end venu! Je dois me battre continuellement! Est-ce trop demander? Le guerrier veut juste se reposer.

— Je comprends ton besoin de décompresser, je t'assure même en être très consciente et trouver cela tout à fait légitime, mais je m'inquiète aussi de nous, Armand!»

Il lui a gentiment pincé la joue.

«Nous ne sommes plus des tourtereaux, c'est tout.

— C'est ce que j'ai remarqué, oui...

— J'ai entendu ce que tu disais tout à l'heure. On te parle beaucoup de «responsabilisation» à tes cours. Formidable! Alors, si tu cherches une façon de m'aider, eh bien! sois un peu plus autonome. Nous en avons assez parlé pour le moment. Me laisserais-tu regarder la partie, s'il te plaît?

Au premier abord, il s'est trouvé fort raisonnable, et elle, plutôt conciliante. Et pourtant, en la regardant s'éloigner, il s'est senti tout bizarre, comme si quelque chose lui échappait. Cet étrange malaise le tenaillait encore le lendemain. Alors il a prétexté un dossier à étudier oublié au bureau, et il a quitté sans crier gare après le petit-déjeuner. De toute façon, Fernande voulait passer la semaine au chalet pour réfléchir et faire le point. *Les femmes pensent trop, c'est ça, leur problème!*

«Bonsoir, papa, tu as l'air bien songeur. À quoi penses-tu?

— Oh, à rien de bien intéressant. Tu as bien failli être en retard!

— Mais j'arrive pourtant un peu d'avance!

— Ah toi! tu veux toujours avoir le dernier mot!»

Elle lui coupe aussitôt la parole.

— Non! ne dis pas: "Comme ta mère"...

En coulisse, le conférencier entend les gens arriver, trouver un siège et se préparer à l'entendre. Même s'il le souhaite parfois, chaque conférence constitue en soi un nouveau défi à relever, car aucun public ne doit être tenu pour acquis, aucun n'est jamais gagné complètement. Des résistances persistent toujours. Après ses nombreuses années d'expérience, il sait bien où elles se situent et comment les contrer. Trop souvent, plus le concept est élémentaire, moins il semble accessible. Mais ce n'est pas nouveau, on rencontre souvent de tels paradoxes. Car modifier sa façon de croire, de penser, d'agir, n'est jamais chose simple. N'est-ce pas là la signification d'un changement de paradigme?

Bien sûr, il est pleinement conscient qu'il bousculera ce soir plusieurs croyances. Mais il est tellement bien documenté qu'il parviendra sans problème à leur prouver l'efficacité de la technique de visualisation créatrice. Les nombreuses recherches menées sur le sujet le démontrent d'ailleurs amplement. La tâche sera plus difficile pour leur faire comprendre à quel point c'est facile de l'utiliser. Ironie du sort: ils s'en servent déjà depuis toujours sans toutefois sans rendre compte! Quant à leur fournir les outils nécessaires pour maximiser leur rendement, c'est impensable d'approfondir un sujet d'une telle ampleur en une heure et demie tout au plus. Aussi doit-il les intéresser assez pour leur donner envie d'aller plus loin et de chercher à en connaître davantage.

Suivant son rituel familier avant chaque entrée en scène, il ferme les yeux et inspire profondément en se concentrant sur sa respiration. Mentalement, il imagine le succès de la conférence; voit devant lui des visages ouverts, curieux, souriants. Il sourit à son tour et s'avance sur l'estrade d'un pas énergique.

«Dis donc, Nadia, le conférencier ne te fait-il pas penser à quelqu'un?

— Non, je ne vois vraiment pas, pourquoi?»

«Bonsoir! Je vous remercie d'être venus en aussi grand nombre. Je tiens à manifester ma joie de reconnaître parmi vous certains visages, c'est bon signe! Je veux aussi souhaiter la plus cordiale des bienvenues aux nouveaux participants! Comme je vous l'ai précisé l'autre jour pour ceux qui assistaient à ma conférence sur la fixation d'objectifs, nous allons consacrer la période qui nous est allouée à mieux comprendre ensemble les rudiments des techniques de visualisation créatrice et d'imagerie mentale. Sans plus tarder, amorçons notre programme.

«Terry Orlick, psychologue œuvrant dans le domaine du sport...»

— Tu vois, je te l'avais bien dit, hein Nadia? Ça commence à peine et ça te concerne déjà!

«... a écrit ceci: «*Where the mind goes, everything follows.*»[1] Il y a gros à parier pourtant que loin de vous impressionner, cette affirmation vous laisse plutôt sceptiques; enfin pour la plupart d'entre vous, du moins. Pour tant de gens encore, l'imagination est toujours la «folle du logis». Elle est tour à tour considérée irréelle, inutile, dérangeante, sans application pratique. En fait, l'imagination n'est pas une des facultés primordiales à posséder dans notre ligne de pensée ration-

---

1.   «Tu attires à toi ce que tu penses.»

nelle, aussi n'est-elle pas mise de l'avant au même titre que la discipline, la rigueur, la constance, et j'en passe.

«Pourtant, sans vous en rendre peut-être vraiment compte, vous vous en servez quand vous répétez mentalement une présentation à faire au conseil d'administration ou à votre banquier; quand vous vous préparez mentalement à une entrevue pour un nouvel emploi ou pour donner une conférence. Il est prouvé hors de tout doute que ces répétitions mentales déclenchent des changements mesurables quant à notre performance et à nos réactions physiques. C'est sans conteste une ressource inépuisable, incommensurable, et que je vous encourage à exploiter. Toutes ces allégations sont d'ailleurs démontrées avec preuves à l'appui à travers plusieurs études scientifiques[1].

Au fond, tout est palpable, les frissons compris

«Pour vous permettre de bien comprendre à quel point ce processus, un tant soit peu nébuleux, exerce pourtant un impact très concret et très réel, nous allons immédiatement faire une petite expérience pour le moins courante. Elle vous permettra d'évaluer la simplicité du procédé.

«Imaginez-vous dans votre cuisine. Allez vers votre réfrigérateur, ouvrez-le; ouvrez maintenant le bac à fruits et prenez-y un beau citron bien jaune... Bon! J'entends déjà les rationnels penser: *Je n'ai pas de citron!* Parfait, alors pour tous ceux qui en manquent, nous vous attendons! Toujours en pensée bien sûr, rendez-vous en acheter un à votre épicerie la plus proche.

«Alors, ça y est? Tout le monde a son citron? Imaginez-vous maintenant le déposer sur votre planche à découper, le trancher en deux à l'aide d'un couteau. Humez cet arôme si caractéristique d'un citron frais. Et maintenant, attention! Je compte jusqu'à trois... Un... deux... trois... Allez-y! Croquez-le à belles dents!»

Un long frisson fait frémir chacun des participants; les exclamations fusent de toutes parts. Armand grimace et prend conscience de l'impact de l'image sur sa réalité. Le conférencier poursuit:

---

1.   J. Achterberg, 1985; R. Suinn, 1993.

«Voilà! Vous venez d'expérimenter le pouvoir de l'image! Vous en comprenez bien l'influence, n'est-ce pas? Je vois encore des épaules trembler. Mais pourquoi avoir croqué si goulûment! Vous êtes des étudiants désireux d'aller au fond des choses, c'est louable, mais je ne vous demandais tout de même pas de le dévorer en entier! Chose certaine, nous aurions goûté «mentalement» toujours, une orange et nous aurions obtenu un autre résultat. Mais enfin, c'est une image forte que tout le monde peut ressentir assez bien et, je l'avoue, j'aime bien le frisson que suscite le citron.

«En fait, certains d'entre vous ont même tenté l'expérience les yeux grands ouverts. Rassurez-vous: eux aussi ont eu ce même rictus en sentant l'acidité du fruit! Vous le voyez, le phénomène est on ne peut plus naturel: l'image mentale se superpose tout simplement à l'image réelle, et c'est une expérience que nous répétons constamment, au jour le jour, dans tous les aspects de notre vie personnelle et professionnelle. Le hic, c'est que nous avons plus ou moins conscience de concrétiser ce que nous vivons en imagination. Combien de fois vous êtes-vous dit en sortant de voiture: «*J'ai l'impression d'avoir fait tout le trajet sans vraiment le voir?*» En fait, vous avez très bien vu la route, sinon vous ne seriez pas à destination, mais les images mentales se sont superposées avec tant d'harmonie qu'elles ont tout simplement pris le pas sur le réel.

«À la lumière des exemples que je vous ai donnés, cela devrait désormais être évident pour vous: Oui, l'image mentale est la représentation interne d'un objet ou d'une expérience encodés et emmagasinés dans notre cerveau pour que nous puissions exprimer cette information avec efficacité. Ces images constituent donc en fait le langage de la pensée, de l'imagination et le canal des émotions[1]. L'imagerie se définit comme le flux des pensées et des perceptions que nous pouvons entendre, voir, sentir, goûter et ressentir[2].

«La visualisation (ou, si l'on préfère, l'image mentale) consiste à utiliser systématiquement des images mentales pour créer quelque chose de positif à partir de ce principe de vie qui nous anime en esprit,

---

1.   Rossman, 1987.
2.   K. Goff et E.P. Torrance, 1991.

voire même qui nous donne cette vitalité. Visualiser, c'est se représenter mentalement un événement à venir, un état positif se traduisant par des sentiments d'épanouissement et d'expansion[1].

«C'est naturellement dans la mémoire que l'imagerie ébauche ses plans, car elle peut reconstituer un événement extérieur passé, mais aussi créer de nouvelles expériences à partir des informations en mémoire. Mais plus encore, l'imagerie peut même, partant des informations mémorisées, élaborer un nouveau dénouement dans notre pensée et construire ainsi une expérience tout à fait inédite, recréant ainsi une nouvelle façon d'envisager l'événement passé[2].»

Dans la tête d'Armand, deux images se précisent maintenant, se superposant une à l'autre, se fusionnant en un heureux mélange de succès et de valorisation: une médaille d'or et une entreprise florissante.

«Plus nous faisons appel à tous nos sens, plus l'image se vivifie, s'anime, et plus la pratique de l'imagerie devient efficace[3]. Par ailleurs, il ne faudrait pas passer sous silence un autre facteur extrêmement important pour l'imagerie mentale, c'est-à-dire les émotions. L'influence qu'elles génèrent, en termes d'énergies déployées, ajoute à l'impact incroyable de l'imagerie mentale[4]. Par exemple, pour gérer son stress, sa colère ou sa peur avec efficacité, un athlète peut recréer, avec le plus de précision possible, les pensées et les sentiments positifs qui l'animent durant la compétition[5].»

En entendant ces mots, Armand donne un léger coup de coude à Nadia. Elle lui sourit distraitement, agacée d'être ainsi troublée dans sa propre imagerie mentale. Où était-elle donc en esprit? Comment pourrait-elle l'oublier? c'était si agréable. Elle se voyait galopant à l'aube blafarde dans la prairie tout juste couverte d'une neige fine, fouettée par le vent encore très frisquet de ce petit matin d'avril. Le soleil à peine levé commençait à faire miroiter la plaine. Des naseaux

---

1. N. Philippe, 1988.
2. R.S. Vealey, 1986.
3. *Idem.*
4. R. Martens, 1982.
5. R.S. Vealey, 1986.

frémissants de Liberté, s'exhalait une vapeur, signe manifeste du froid qui sévissait, rosissant les joues de Nadia, lui picotant les yeux jusqu'à ce que ses larmes affluent.

«Plus l'émotion est forte, plus la pensée se concentre, lui donnant ainsi un pouvoir d'actualisation accru[1].

«Pour illustrer ceci, imaginez un rayon de soleil à travers une loupe. Si vous bougez la loupe d'un point à un autre, la puissance du rayon est diffuse et superficielle. Mais si vous tenez fermement la loupe sans la bouger, en plein soleil, à une distance focale appropriée, le rayon solaire est alors concentré, et la lumière, de diffuse qu'elle était, devient soudain si puissante que le rayonnement fixe de la loupe pourrait allumer un feu!

«Vous avez sans doute d'ailleurs déjà expérimenté ce phénomène, ne serait-ce que par le feu de votre enthousiasme! Remémorez-vous cette passion survoltée pour tel ou tel projet que vous avez mené à bien. Cet objectif qu'il vous fallait absolument atteindre, qui vous tenaillait, et que vous désiriez de tout votre être. C'était peut-être la création de votre entreprise, un projet d'expansion, un premier voyage en Europe, voire même une flamme ardemment désirée. Vous souvenez-vous de toute cette énergie déployée pour atteindre votre but? Vous avez alors concentré tous vos efforts, toute votre attention, toute votre volonté et toutes vos émotions dans cette seule direction. Comme la loupe immobilisée sous les rayons du soleil, vous avez concentré en une même pensée, une même action, toute la puissance de votre désir... et vous avez atteint votre objectif!

Pour comprendre de façon plus précise *comment* la pratique mentale influe sur la performance, examinons trois théories qui ont fait leurs preuves:

1.   La théorie psychoneuromusculaire;

2.   La théorie de l'apprentissage symbolique;

3.   Et, enfin, la théorie de la motivation.

---

1.   John Kehœ, *Mind Power*, Éditions de Mortagne, format de poche.

«La **théorie psychoneuromusculaire** (ou mémoire musculaire) sous-tend ceci: Même si c'est de façon parfois moins intense que les mouvements réels, l'imagerie mentale simule vraiment les mouvements moteurs dans le cadre de n'importe quelle activité physique en pensée. Par contre, les mouvements moteurs générés par l'imagerie sont identiques à ceux atteints par la pratique physique[1]. Plusieurs études supportent d'ailleurs cette théorie et rapportent avoir décelé des activités neuromusculaires concordant parfaitement avec l'activité imaginée[2].

«Richard Suinn, en 1980, a analysé le phénomène de la théorie psychoneuromusculaire en demandant à un athlète de ski alpin de recréer une course précise par imagerie mentale. Pendant tout l'exercice d'imagerie, le chercheur a enregistré les activités électriques des muscles du skieur. Les graphiques ont démontré une activité musculaire correspondant exactement au parcours de la course de ski.»

Armand, on ne peut plus exalté, élabore déjà un programme d'entraînement mental pour Nadia; il l'aidera à le concevoir et veillera au grain afin qu'elle le mette en application. C'est certain, grâce à la visualisation créatrice, les chances de remporter la médaille d'or aux Jeux olympiques d'Atlanta se multiplient. La principale intéressée, rêveuse, exploite déjà la technique, mais pas dans la même discipline. Son père en serait complètement renversé, car ses prouesses sont équestres!

«Selon la **théorie de l'apprentissage symbolique**[3], l'entraînement mental maximise la performance de quelqu'un en lui permettant:

- De tenter mentalement différentes stratégies;

- D'explorer des méthodes pour contourner et corriger les erreurs;

- De déterminer la séquence des mouvements;

- De soupeser les conséquences de certaines actions.

---

1.   R. Suinn, 1993.
2.   M.P. Anderson, 1981; D.V. Harris et W.J. Robinson, 1986; D.P. Jowdy et D.V. Harris, 1990; J. Shick, 1970; R.M. Suinn, 1980.
3.   F.C. Baker *et al.*, 1992.

«Enfin, nous en venons à la **théorie de la motivation.** La plus intéressante à mon avis, pour nous, avance ceci: La pratique mentale augmente la motivation de l'être humain[1]. En fait, même sans n'avoir jamais vécu une situation donnée, on peut développer un sentiment élevé de confiance ou d'efficacité personnelle en créant tout simplement mentalement des images de performances réussies[2]. Un sentiment élevé d'efficacité personnelle aidera à envisager plus fermement une performance future réelle[3]. Comme on le constate, une personne pleinement consciente de son efficacité personnelle voit sa performance facilitée, car l'imagerie mentale agit sur sa motivation.

Peut-on vraiment prouver l'efficacité de l'imagerie mentale?

«Ces allégations se fondent-elles sur des démonstrations concrètes? Eh bien! oui.

«R.M Suinn, en 1982, ainsi que D.L. Feltz et D.M. Landers, en 1983, ont tous trois conclu, en comparant d'autres études antérieures, que la pratique mentale favorise non seulement l'apprentissage d'une nouvelle habileté, mais que ses effets bénéfiques contribuent aussi à améliorer la performance d'une habileté déjà acquise.

«Il va sans dire d'ailleurs que c'est dans le monde du sport, en psychologie sportive notamment, que le phénomène se vérifie davantage. D'ailleurs de nombreuses études convergent toutes dans le même sens. La pratique de l'imagerie mentale améliore la performance en ski[4], au basket-ball[5], en gymnastique[6], au golf[7], au volley-ball[8] et en natation[9], entre autres.»

---

1. R. Thomas, 1993.
2. R.S. Vealey, 1986.
3. Albert Bandura, 1986.
4. R.M. Suinn, 1977.
5. A.W. Meyers, R. Schleser et T.M. Okwumabua, 1982.
6. K.B. Start et A. Richardson, 1964.
7. R.L. Woodfol, S.M. Murphy, D. Gottesfeld et D. Aitken, 1985.
8. J. Shick, 1970.
9. K.D. White, R. Ashton et S. Lewis, 1979.

Armand ne peut s'empêcher de trépigner intérieurement, les preuves sont là. Il existe même des études en natation pour orienter sa fille dans la pratique de l'imagerie mentale. Le sourire esquissé pour Nadia est rayonnant. Elle le lui rend sans qu'il perçoive à quel point sa petiote, comme un tout jeune enfant, est déchirée entre son amour pour lui et ses propres aspirations.

«Plusieurs études démontrent encore combien il est efficace d'imaginer réussir une performance athlétique[1], et à quel point d'imaginer un échec juste avant d'offrir une performance exerce un effet on ne peut plus défavorable[2].

«Je vous ramène à une autre étude dont je vous ai parlé au séminaire sur la fixation d'objectifs et qui rapporte ceci: l'imagerie mentale est la stratégie psychologique la plus utilisée par les joueurs professionnels de tennis: 91% des 115 athlètes interrogés pratiquent l'imagerie mentale pour accroître leurs performances[3]. N'est-il pas merveilleux de penser qu'un jour peut-être, non seulement 91% des êtres humains – ce qui serait pourtant une statistique exceptionnelle – mais toute l'humanité emploiera l'imagerie mentale dans toutes les sphères de la vie professionnelle ou personnelle?

«Si on se concentre cependant exclusivement au domaine sportif, R. Suinn, en 1984 et R.S. Vealey, en 1986, ont établi six utilisations différentes des athlètes de l'imagerie mentale. Mais ces stratégies peuvent tout aussi bien s'appliquer au monde des affaires ou à vos vies en général. Vous verrez, c'est tout à fait fascinant!

1. L'amélioration d'une technique ou d'une habileté

«Apprendre une tâche requiert au départ beaucoup d'habiletés cognitives, d'où l'avantage d'utiliser l'imagerie pour maximiser l'apprentissage. Et ce, dans tous les domaines, bien sûr, y compris celui des affaires, que monsieur R.S. Vealey a plus particulièrement examiné,

---

1. D. Claudill, R.S. Winberg et T.G. Jackson, 1983; K.D. White *et al.*, 1979.
2. G.E. Poweel, 1973; R.L. Woolfolk, S.M. Murphy, D. Gottesfeld et D. Aitkeн et M.W. Parish, 1985.
3. C. DeFrancesco et S. Simmons, 1993.

en 1986. Par exemple, il est efficace d'employer l'imagerie pour se voir à plusieurs reprises atteindre ses objectifs.

Armand tend l'oreille. Il s'est tellement laissé obnubiler par la médaille d'or qu'il souhaiterait voir suspendue au cou de Nadia qu'il en a oublié ses propres objectifs. C'est un très fort sentiment d'amour paternel, sans doute. Mais le conférencier vient de le rappeler abruptement à l'ordre, de le ramener à ses moutons. Cette technique de visualisation créatrice a-t-elle le pouvoir de le tirer du mauvais pas financier où il se trouve?

2. L'analyse et la correction des erreurs

«L'imagerie peut être avantageusement employée pour revivre une situation d'échec, déterminer les raisons de l'échec[1] et, bien sûr, le transformer en succès!

3. La préparation à la performance (ou à la compétition)

«La visualisation peut aussi servir à se rassurer en s'empêchant de se confronter aux aspects négatifs d'une situation comme, par exemple, ses propres limites, la peur de l'échec, etc[2].

4. L'augmentation de la confiance en soi et de l'efficacité personnelle

«Il va sans dire que créer des images de performances réussies permet de développer un sentiment élevé de confiance et d'efficacité personnelle[3].

5. Le contrôle de ses réponses physiologiques

«Il est possible aussi de contrôler consciemment certaines fonctions du corps grâce à l'imagerie mentale; ainsi en est-il des battements du cœur, de la respiration, de la tension artérielle, et de la température du corps[4]. Jacques Mayol, par exemple, a brisé le record

---

1. R.S. Vealey, 1986.
2. *Idem.*
3. *Idem.*
4. T.R. Blakeslee, 1980.

mondial de plongée sous l'eau en utilisant l'imagerie et la relaxation pour réduire son métabolisme[1].

6. La récupération suite à une blessure ou pour favoriser la guérison

«On peut encore utiliser l'imagerie pour canaliser la douleur et accélérer le processus de guérison. Une étude particulièrement bouleversante, quant à ébranler nos croyances sur le phénomène de guérison, a été menée par Carl Simonton et Stephanie Matthews-Simonton, en 1984, dans le but de prouver l'efficacité de l'imagerie mentale, qui peut aider à guérir le cancer. Les résultats de cette étude ont été rapportés dans ce livre très humain, tout en étant supporté au point de vue scientifique, dans *Guérir envers et contre tout: le guide quotidien du malade et de ses proches pour surmonter le cancer... et revivre*. Et je vous laisse le soin ici de trouver maints exemples pour prouver le pouvoir de guérison de l'imagerie mentale. Cette habileté de créer des images en esprit, ou de visualiser, s'apprend et doit être pratiquée régulièrement et systématiquement. À force de créer des images fréquemment, elles seront plus détaillées et, par conséquent, plus efficaces.»

Au nom de la loi!

«Permettez-moi de vous parler maintenant des lois régissant la visualisation.

«Tout d'abord, il faut visualiser le but à atteindre plutôt que les difficultés possibles, sinon vous risquez de les créer ou de les augmenter[2]. En vous concentrant sur le but à atteindre, vous faites confiance à votre corps et à vos capacités naturelles. Cette certitude libère ainsi le corps d'une tension excessive qui nuit à l'atteinte du but.

«D'ailleurs, pensez-y: si vous faites l'analogie avec la maladie, c'est certain qu'en se concentrant sur les symptômes, on crée une angoisse nuisible au processus de guérison.

---

1. R.S. Vealey, 1986.
2. N. Philippe, 1988.

«Mais plus important encore, c'est que l'imagerie mentale débouche sur une action concrète[1]. En fait, la visualisation constitue bel et bien une action et non un rêve, et une action chargée de sens, car la pensée visualisée se fraie en quelque sorte un passage pour se concrétiser. Ce passage à l'action nécessite un désir clair et non conflictuel. Si le désir est vague et si vous n'avez pas réellement et librement accepté la transformation ou le but visualisé, l'imagerie mentale devient source de conflits.»

Nadia écoute attentivement.

«Ainsi, si une partie de soi désire l'objectif mais qu'une autre hésite, cela produira un puissant conflit intérieur, qui freinera ou empêchera le passage à l'action.

«Voici maintenant les recommandations proposées en 1986 par R.S. Vealey sur la manière d'utiliser cette technique:

1.   On devrait faire précéder les exercices d'imagerie mentale d'un exercice de relaxation.

«Plusieurs études rapportent en effet une plus grande efficacité grâce à la combinaison des deux techniques, soit l'imagerie mentale et la relaxation[2].

2.   On devrait pratiquer l'imagerie selon une perspective interne.

«Les chercheurs M.J. Mahoney et M. Avener ont les premiers classifié, en 1977, l'imagerie comme, soit interne, la personne voit de ses propres yeux (je suis le conférencier donnant la conférence) ou soit externe, la personne se voit faire une action comme si elle se regardait sur une vidéo (je suis dans la salle et je me vois en train de donner la conférence). Les athlètes de haut niveau semblent pratiquer davantage l'imagerie interne.

---

1.   N. Philippe, 1988.
2.   R.M. Suinn, 1972; R.S. Weinberg, T.G. Seabourne et A. Jackson, 1981.

3.   L'imagerie mentale n'a pas de pouvoir magique.

«Elle ne devrait donc pas susciter d'attentes irréalistes. Elle permet d'utiliser son plein potentiel, mais ne pourra jamais produire une performance au-delà de nos limites.

«Je vous propose donc maintenant, avant d'aborder le dernier élément essentiel relié à la visualisation, de nous délier un peu les jambes et nous aérer l'esprit. Au retour de la pause, nous examinerons d'un peu plus près ce qui les a mises en mouvement.»

Armand a vu Marie-Christine quitter rapidement la salle et s'en trouve soulagé. Sans trop vouloir se l'avouer, il préfère ne pas tomber face à face avec elle en présence de Nadia. Et puis, il est heureux de bavarder avec sa fille, de lui prodiguer ses encouragements olympiques!

À leur retour dans la salle, un immense cerveau remplit l'écran.

Chapitre 5

Le cerveau

« Nous situons évidemment le phénomène d'imagerie mentale dans la tête. Vous aviez certainement fait cette déduction par vous-même, j'en suis convaincu. C'est pourquoi je termine donc cette conférence par un examen plus ou moins approfondi du cerveau, afin de nous aider à mieux comprendre son fonctionnement et ses mécanismes. Ainsi, nous saisirons davantage son interaction avec la visualisation.

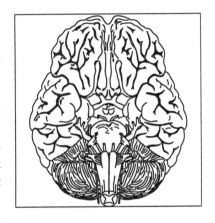

«Bien sûr, nous n'en sommes encore qu'aux premiers balbutiements en ce qui concerne notre cerveau. Il est prouvé que nous ne nous servons que d'une partie de son potentiel immense. Par analogie, c'est un peu comme si vous vous serviez seulement de deux des cinq vitesses de votre voiture; ou si vous occupiez seulement deux des dix étages de votre édifice à bureaux. Comme on le voit, c'est tout un beau marché à développer et tout un défi à relever, n'est-ce pas? Voyons donc ensemble les données actuelles de la science sur nos trois cerveaux[1]. Ah! ah! ça commence bien: certains d'entre vous ne croyaient pas en avoir autant!

---

1. C. Fortin et R. Rousseau, 1989.

«Le **cortex** intègre les informations reçues du monde extérieur et il est responsable de notre action sur le monde par le biais de la réponse motrice. Il est le siège des comportements et des fonctions supérieures (l'intelligence et la mémoire).

«Le **cerveau hypothalamo-limbique** (quel mot savant pour des notions pourtant simples!) est, quant à lui, le siège de la première mémorisation et de l'apprentissage. C'est le site par excellence où les émotions suscitées par nos cinq sens (goût, odorat, ouïe, toucher et vue) s'emmagasinent.

«Enfin, le **cerveau végétatif** régularise les principales fonctions neurovégétatives comme la respiration, le rythme cardiaque, le clignement des paupières, les sécrétions, etc.

«On distingue aussi les **hémisphères gauche et droit** du cerveau[1]. L'hémisphère droit contrôle la partie gauche du corps et se spécialise dans la capacité d'orientation dans l'espace, les dons artistiques, le monde des images et de l'imagination, des émotions, de l'intuition; c'est donc le terrain privilégié de la visualisation. Certains d'entre vous se rappelleront l'exemple de McDonald's que je vous ai donné lors de notre dernière rencontre? Eh bien! il s'adresse à cet hémisphère droit pour nous vendre sa piZZa.!

«L'hémisphère gauche, lui, contrôle le côté droit du corps, et se spécialise dans la pensée logique et analytique, la parole. Cette partie fonctionne davantage durant vos réunions d'affaires, vous aide à prendre vos décisions d'investissements, etc. Bien sûr, la meilleure façon de maximiser notre potentiel demeure l'utilisation complète et égale de ces deux hémisphères et de ces trois cerveaux; nous ne devrions pas privilégier un aspect au détriment d'un autre, car ils fonctionnent tous en complémentarité. En effet, chacun a sa raison d'être, chacun complète l'autre. Nous ne devrions pas ici chercher à séparer, mais bien à réunir. Une visualisation bien pratiquée accorde donc une importance égale aux deux hémisphères et aux trois cerveaux[2].

1. C. Fortin et R. Rousseau, 1989.
2. N. Philippe, 1988.

«À vous qui travaillez à cœur de jour avec les ordinateurs, voici cette comparaison. Le cerveau humain ressemble à une disquette: à l'enfance, elle est vierge; à l'âge adulte, elle devient plutôt encombrée et même parfois polluée, (allusion ici aux virus du domaine informatique) et pas forcément équilibrée. Dans notre société, nous valorisons encore trop souvent le fonctionnement du cerveau gauche (le rationnel) au détriment du droit (l'irrationnel).

«Mais revenons à l'enfant. Son cerveau ressemble aussi à une cassette vidéo vierge en mode «programmer». Si nous y programmons de la violence, il en résultera inévitablement de la violence. Les parents ont d'ailleurs un rôle primordial à jouer. J'assistais récemment à une partie de hockey où de très jeunes enfants se disputaient la rondelle et des parents installés dans les gradins criaient comme des forcenés: «Vas-y, rentre-lui dedans!» Vous avouerez avec moi que c'est toute une programmation négative! Cultivons plutôt de l'admiration, il en résultera de la confiance; semons de l'enthousiasme, il en découlera de la joie de vivre. Vous le voyez bien, c'est une application tout à fait concrète et directe d'une loi bien connue des cultivateurs, en particulier, et exprimée universellement de la manière suivante: «On récolte ce que l'on sème.» Je n'ai jamais rencontré de cultivateur ayant récolté des oignons après avoir semé des carottes. Et vous?

«Notre cerveau à nous, adultes, est donc une cassette programmée contenant l'ensemble de nos croyances et de nos valeurs. Nous sommes le seul informaticien de notre cerveau: à nous donc de réviser les programmes, de faire un tri, de sauvegarder les bonnes notions, de programmer de nouveau, s'il le faut. Nous possédons ce formidable pouvoir de «choisir». Prenons bien soin de nous en servir judicieusement, car c'est à partir de ces programmes intérieurs que notre vie évoluera.»

En tant que parent formateur, Armand se réjouit des bonnes semences programmées dans le cerveau de Nadia. La récolte prendra certainement la forme d'une belle médaille, peut-être même dorée.

«John Kehoe[1] affirme: «Peu importe la pensée soumise à votre esprit, si vous l'entretenez régulièrement, elle engendrera des résultats

---

1. *Mind Power*, Éditions de Mortagne, format de poche.

concrets dans votre vie.» J'ajoute **dans votre vie professionnelle et personnelle.** Monsieur Kehœ rapporte d'ailleurs dans son livre une expérience fascinante réalisée à l'Université de l'Illinois avec une équipe de basket-ball. Permettez-moi de vous la résumer ici.

«Après une évaluation très juste de la capacité des joueurs à atteindre le panier et une consignation des résultats de chacun, l'équipe a été divisée en trois groupes.

«Les directives étaient claires: le premier groupe devait s'entraîner tous les jours pendant un mois; le deuxième devait s'abstenir de toute pratique; et le troisième groupe devait demeurer au dortoir et s'imaginer en train de s'entraîner, chaque jour, pendant trente minutes. Un mois plus tard, les trois groupes furent de nouveau évalués.

«Le premier groupe (avait pratiqué quotidiennement le lancer du ballon au gymnase), a démontré une amélioration de 26%. Le second groupe (n'avait pas du tout pratiqué) n'a démontré aucune amélioration – ce qui n'est franchement pas étonnant. Et le troisième, qu'est-il advenu de ce groupe, selon vous? Ils ont pratiqué en imagination seulement. Eh bien! allez! prédisez un pourcentage! À votre avis, se sont-ils améliorés, croyez-vous? Oui ou non?

Certains participants se risquent à avancer un chiffre. Pour mettre fin à ce petit suspense, le conférencier donne enfin la réponse:

«Eh bien! tenez-vous bien: le troisième groupe s'était amélioré autant que le premier, soit de 26%! Je vous laisse imaginer vos résultats si vous osez combiner pratique physique et mentale. Je vous fais confiance: votre cerveau gauche calcule sans doute déjà le bénéfice à tirer d'une prochaine réunion avec vos représentants de vente, si vous y ajoutez quinze minutes de visualisation, donc d'utilisation systématique du cerveau droit! Comme je me plais souvent à répéter en badinant: Ne le faites pas: ça marche!»

Nadia, précédant la remarque de son père, lui chuchote rapidement à l'oreille: «C'est bon pour tes affaires, ça, papa!» Armand, quelque peu pris au dépourvu, acquiesce: «Oui, oui, et pour ta médaille aussi». Et le conférencier continue de plus belle, multiplie les exemples.

«Bryan Edwards, un des meilleurs vendeurs d'assurance-vie d'Australie, consacre dix minutes par jour, matin et soir, à réviser mentalement ses rendez-vous du lendemain. Il s'imagine faisant sa présentation devant ses clients; il les voit réceptifs et heureux de contracter une police d'assurance avec lui; il s'invente une journée très productive et très fructueuse; il s'imagine aussi effectuant de nombreuses ventes. Quel résultat récolte-t-il? Il vend plus d'assurance en une semaine que la plupart des autres assureurs en six mois! N'aimeriez-vous pas en faire autant? Et cela vaut pour tous les domaines de votre vie personnelle et professionnelle.

C'est l'affaire de tous

«Nous l'avons vu, le monde des affaires n'est pas le seul à bénéficier de l'efficacité de la technique de l'imagerie mentale. En effet, tant d'études importantes ont été menées portant sur le rôle de l'imagerie mentale et de la pensée sur la santé, qu'elles ont donné naissance à la psychoneuroimmunologie. Cette science se consacre exclusivement à l'étude des relations entre les images mentales et le système immunitaire.

«De plus, nous connaissons peu les limites des effets de la pensée sur notre corps. C'est pourquoi les résultats de ces études scientifiques souvent nous désarçonnent, car elles nous amènent à reconsidérer ces limites que nous avions imposées aux effets de la pensée sur le corps. On se rappelle cette étude célèbre des messieurs Green qui démontrait la capacité d'un sujet à diminuer de façon draconienne son métabolisme en le plaçant dans une boîte scellée. Il a réussi à rester cloisonné dans cette boîte en relaxant et en diminuant volontairement son absorption d'oxygène. C'est un exploit phénoménal, si on considère en plus qu'une bougie allumée à l'intérieur de la boîte s'est éteinte, faute d'oxygène.

«Un exemple plus courant de ce pouvoir, bien connu des milieux médical et pharmaceutique, a pour nom l'effet placebo. Une personne croyant recevoir un médicament (on lui donne un placebo, une substance neutre substituée à un médicament pour contrôler ou susciter les effets psychologiques accompagnant la médication) démontre souvent une diminution de la douleur, des nausées, de l'anxiété et même des cellules cancéreuses[1]. On observe donc un change-

---

1.   J. Achterberg, 1985.

ment marquant d'attitude et une altération de la biochimie du corps[1]. L'effet placebo fait donc la preuve de l'existence de mécanismes d'autoguérison activés par des images ou des attentes transformées[2].

«Plusieurs études rapportent des résultats positifs de l'imagerie mentale dans lesquelles des patients cancéreux ont visualisé leurs tumeurs se réduire et ont stimulé leur système immunitaire à détruire les cellules malignes.

«Le stress est à la base de 50% des maladies[3]. L'un des usages thérapeutiques de la visualisation, c'est cette possibilité de pouvoir déclencher un état de relaxation contribuant à éliminer le surcroît de stress[4]. Vous savez combien le burn-out affecte aujourd'hui le monde des affaires. Depuis des années, plusieurs entreprises mettent de l'avant des programmes de formation, afin d'inciter leurs cadres et leur personnel à «performer» davantage. C'est fort louable, mais s'ils ne peuvent se ressourcer, ils atteignent vite leurs limites. Dans cette optique, certaines entreprises ont compris cette nécessité et proposent maintenant des possibilités de détente durant les pauses-santé, par exemple. L'une d'elles met même des films de Charlie Chaplin et d'autres humoristes à la disposition de ses employés, le rire étant l'une des plus belles et des plus efficaces formes de détente. Il est étonnant de constater combien le taux d'absentéisme et de burn-out chute grâce à de telles initiatives.»

Armand sent ses vieilles croyances attaquées et ébranlées. Il est de ceux qui considèrent depuis toujours la relaxation comme une perte de temps. Conviction encrassée et extrêmement difficile à déloger.

«Tout comme pour un patient, imaginer un résultat positif futur pour des gens d'affaires constitue une technique importante pour contrecarrer les effets d'images, de croyances ou d'attentes négatives[5].

«*Your images lead your reality*[6]» En se formant une image, une personne définit mentalement son futur, à court, à moyen et à long

---

1. K. Goff et E.P. Torrance, 1991.
2. *Idem.*
3. E.R. Korn et K. Johnson, 1983.
4. K. Goff et E.P. Torrance, 1983.
5. K.R. Pelletier, 1977.
6. «*Vos images provoquent votre réalité*», Terry Orlick, 1990.

termes. La répétition systématique de cette image mentale finit par créer des attentes positives et l'amène à croire à la réalisation de cet état désiré. Confiante d'atteindre des résultats positifs, elle est motivée à agir efficacement pour les atteindre, augmentant ainsi ses chances de succès[1].

«Et nous arrivons à un thème qui semble complexe mais qui est pourtant très compréhensible: la visualisation des «soi possibles». En effet, toute action dirigée vers un objectif suppose de bâtir une image de soi possible où on se voit faire l'action, atteindre l'objectif et maîtriser la difficulté[2]. Cette image de soi dans l'état final désiré et l'action entreprise pour accéder à cet état contribue à diriger et énergiser le comportement futur à adopter[3]. C'est cette image de soi en train de se réaliser dans le futur qui fortifie le sentiment d'efficacité personnelle[4].

«D'autres chercheurs, notamment H. Markus et P. Nurius ont défini, en 1986, les «soi possibles» comme les éléments du concept de soi représentant ce qu'un être peut, veut... ou a peur de devenir. Il s'agit donc de représentations précises de soi-même dans un état futur, ayant pour effet de faciliter la performance, et ce, dans le cas d'images positives, bien sûr!

«Prenez donc quelques minutes maintenant – oui, oui, dans cette salle – et *voyez-vous* en train d'atteindre un objectif particulier. Situez-vous dans l'espace: êtes-vous au bureau, dans votre voiture, en avion, à la maison?

Pauvre Armand, tout de suite, il imagine spontanément une médaille d'or bien en évidence sur son bureau. *Heureuse visualisation,* se dit-il en souriant.

«Simuler un état final désiré peut produire une série d'impacts qui se répercuteront sur le succès ou l'atteinte de l'objectif. Aussi doit-on s'attendre à ce que l'exercice puisse produire notamment:

---

1. Carl Simonton et Stephanie Matthews-Simonton, 1984.
2. A.P. Ruvolo et H.R. Markus, 1992.
3. M.R. Inglehart, H. Markus et D.,R. Brown, 1989; D. Oyserman et H. Markus, 1990.
4. Albert Bandura, 1986; A.P. Ruvolo et H.R. Markus, 1992.

- des états élémentaires affectifs positifs;

- des stratégies et des plans pertinents activés pour atteindre le but;

- un traitement sélectif de l'information favorisant l'état désiré.

«Je vous laisse deviner sur quoi portaient mes visualisations il y a dix ans. Bien sûr, à cette époque, mon «soi possible» ressemblait étrangement à celui qui est là devant vous.»

Le conférencier se pointe du doigt.

«Eh oui! le conférencier actuel que je suis désormais, c'est-à-dire, pour poursuivre dans le sens proposé ici, non plus le «soi possible», mais bien le «soi réalisé»!

Rien n'est parfait

«Hélas! il existe cependant des obstacles à l'efficacité de l'imagerie mentale. Le changement ou le progrès dans cette pratique de l'imagerie mentale dépendent de quatre facteurs d'un système équilibré[1]: l'émotion, la pensée, la volonté et l'action. Pour mieux comprendre les liens entre chacun de ces facteurs, voici la figure 7 à l'écran.

«La figure 7 symbolise l'excellence, qui n'est pas un effet du hasard mais elle se cultive: «L'excellence nécessite un changement profond de la personne. C'est un état vers lequel il faut tendre. Il n'est pas toujours évident de trouver un équilibre entre les quatre facteurs. Cet équilibre est sans cesse à reconquérir en étant vigilant et parfaitement à l'écoute de soi-même. Pour atteindre à cet équilibre, il faut nous accorder de l'attention et de l'amour. Travailler à conquérir cet état d'équilibre donne un sens profond à notre vie et appuie la très célèbre phrase de Socrate: "Connais-toi toi-même et tu connaîtras l'univers."[2]

---

1. N. Philippe, 1989.
2. N. Philippe, 1989.

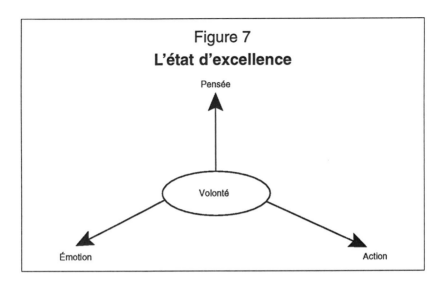

Figure 7
L'état d'excellence

«Par conséquent, la faiblesse d'un des facteurs incite les autres à compenser le déséquilibre créant ainsi cependant des résistances qui nuisent à l'efficacité de l'imagerie mentale.

«Voyons chacun d'eux en particulier. Commençons d'abord avec l'**émotion**. Croire en sa réussite est sans aucun doute gage de succès, mais plus encore si ce succès déclenche des émotions constructives, comme l'enthousiasme, par exemple. D'autre part, douter de sa réussite entraînera des émotions destructrices, la peur, entre autres[1]. La peur est souvent une construction du mental, elle est la projection de ce qui pourrait arriver si les choses tournaient mal.

«Poursuivons avec la **pensée**. Elle conditionne la réussite ou l'échec de nos actions par les croyances, car nous les tenons, en fait, pour des certitudes. Si vous êtes d'avance persuadé que tel contrat ne vous sera pas octroyé, par exemple, vous aurez beaucoup de difficulté à prendre les mesures pour déclencher les actions nécessaires et pertinentes pour obtenir ce contrat. Vous vous acheminez ainsi, sans vous en douter, vers l'actualisation de votre croyance de départ, et le contrat vous échappe! La conclusion inéluctable est alors la plupart du temps secondée par cette célèbre petite phrase: "Je l'avais bien dit!"

«Vous voyez bien que ça fonctionne: vous avez cru à l'échec et l'échec s'est actualisé! Rappelez-vous la phrase de John Kehœ: "Peu

---

1. N. Philippe, 1989.

importe la pensée soumise à votre esprit, si vous l'entretenez régulièrement, elle engendrera des résultats concrets dans votre vie."

«Le troisième facteur qui contribue à l'équilibre de l'état d'excellence, c'est l'action qui requiert une réflexion préalable quant aux
stratégies à adopter. Elle doit donc agir en fonction d'un objectif
significatif pour lequel une personne est prête à s'engager.

«La **volonté**, quant à elle, régit l'harmonie entre l'émotion, la
pensée et l'action.»

Des témoignages d'athlètes: un mot des gagnants

«Nous venons de considérer des stratégies puissantes quant à la
visualisation créatrice et l'imagerie mentale pour modifier certains
comportements et accroître la performance. Je m'en voudrais de ne
pas clore cet exposé par des preuves vivantes de ce que ces principes
efficaces avancent. Voici donc quelques témoignages d'athlètes ga-
gnants qui ont mis en application ces notions importantes.

«**Gaétan Boucher**, double médaillé d'or en patinage de vitesse
aux Jeux olympiques de 1984, effectue des visualisations très détaillées. Il dit: "Pour aider à ma préparation psychologique, je fais mes
courses mentalement. Quand j'ai fait mon imagerie pour ma préparation, j'ai imaginé la course, l'endroit pour se changer, le site de la
compétition, etc., ils sont tous les mêmes que dans mon imagerie."»[1]

«Avant les Jeux olympiques de 1976, les représentants de
l'équipe soviétique ont pris des photos des installations où allaient
circuler leurs athlètes. Avant leur arrivée à Montréal, ces mêmes athlètes les ont soigneusement étudiées afin de s'imaginer en train de
«performer» sur les lieux mêmes. Ces exercices d'imagerie ont donc
amené les athlètes à se familiariser avec l'environnement avant même
leur venue sur les lieux.

«**Sylvie Bernier**, médaillée d'or en plongeon aux Jeux olympiques de 1984, a elle aussi abondamment utilisé la visualisation créatrice. Elle dit ceci:

---

1. Tiré de *Théories de l'entraînement*, 1990, publié par l'Association canadienne des entraî-
    neurs.

"Le soir, avant d'aller me coucher, je faisais dix plongeons dans ma tête. Je commençais avec un «front dive», le premier que je devais exécuter aux Olympiques. Si je le manquais, je recommençais, encore et encore. Une imagerie parfaite de tous mes plongeons me prenait une bonne heure de visualisation; pour moi, c'était un bon entraînement. Quelquefois, je pouvais être en pleine conversation avec quelqu'un et, en même temps, penser à un de mes plongeons et le faire dans ma tête."

«Un autre témoignage nous vient d'**Alex Baumann**, double médaillé d'or en natation aux olympiques de 1984 également et détenteur du record du monde à ce moment-là. Il dit: "La meilleure façon de me préparer mentalement, c'est de me voir nager dans ma tête et de me fixer des temps de passage. Environ 15 minutes avant la course, je visualise toujours l'épreuve, et je la vois se dérouler[1]".

«Dans *La Presse* du 25 avril 1986 et du 17 avril 1989, **Patrick Roy**, gardien de but de la Ligue nationale de hockey, affirmait ceci:

"Le soir, dans ma chambre, avant de m'endormir, j'essaie de visualiser des séquences susceptibles de se produire dans une rencontre. Je me place devant le tir, je réagis devant la feinte de l'adversaire, je devine ses intentions, je me déplace, je couvre mes angles... comme si je jouais le match. De cette façon, j'arrive à ne pas répéter certaines erreurs que j'ai commises dans le passé."

«Et voilà! J'espère bien vous avoir donné le goût d'utiliser cette fabuleuse technique dont l'efficacité est grandement démontrée. Je vous souhaite de travailler maintenant à l'élaboration de vos propres succès professionnels et personnels, et ce, peu importe votre domaine! Rappelez-vous: la vraie réussite, c'est non seulement de réussir dans la vie, mais aussi de réussir sa vie sur tous les plans. Je vous souhaite d'y parvenir tous et d'y travailler en n'oubliant jamais de vous amuser!»

Armand se hâte vers la sortie.

«Alors? qu'en dis-tu?

---

1. Tiré de *Théories de l'entraînement*, 1990, manuel publié par l'Association canadienne des entraîneurs.

– C'était très intéressant. Je suis finalement bien contente d'être venue.

– Je te l'avais bien dit, hein?

– Vas-tu t'inscrire au programme d'une journée?

– Oui, j'y inscris d'abord tous mes cadres. Et toi, Nadia, quand commences-tu tes visualisations de championne olympique? Sais-tu ce qu'on va faire, ma puce? Lançons-nous un défi! J'augmente mon chiffre d'affaires, et toi, tu remportes la médaille d'or. Et nous partons tous les trois fêter nos triomphes au Portugal, ça te dirait? C'est extraordinaire! Ta mère et moi y sommes déjà allés. Nous nous sommes toujours promis d'y retourner. Si le conférencier m'entendait, il serait fier de moi, je fais d'une pierre deux coups: objectif professionnel, objectif personnel: équilibre assuré. Qu'en dis-tu? Après Atlanta, évidemment. Avec ta médaille!

– Je ne vais quand même pas monter dans l'avion la médaille autour du cou!»

Armand éclate de rire:

«Tiens! c'est une idée, ça!»

Nadia se sent à la fois attendrie par la confiance de son père, mais aussi écrasée sous cette exigeante responsabilité. Dans sa tête défile au galop un cheval magnifique... mais sans cavalière.

Troisième partie

Intégration

Chapitre 6

Un programme d'objectifs

*L*e lendemain matin, Armand se réveille encore tout fringant du dynamisme insufflé par la conférence de la veille, et il arrive tôt au bureau. Même si les dossiers bien classés et rangés en pile par l'efficace Claudette n'ont pas tous l'air de lui plaire, il ne se laisse pas abattre. Il éprouve le sentiment vertigineux de devoir gravir le Mont Everest, et c'est tout un objectif dans son cas! Les petits messages roses des gens à rappeler, empalés sur leur tige métallique, lui semblent autant de difficultés à contrer.

Mais en repensant à la conférence, il se sent propulsé sur le podium aux côtés de Nadia. Une fierté sans borne l'habite. *Nous y arriverons tous les deux*, songe-t-il. Une émotion soudaine l'assaille, une sensibilité à fleur de peau l'envahit. Pour un peu, s'il la laissait jaillir, il en aurait les larmes aux yeux. *Seigneur! qu'est-ce qui m'arrive?*

Son regard se laisse distraire par la photo de famille surannée, accrochée au mur, de 50 ans d'âge, et retouchée, depuis, de quelques couleurs. Ces couleurs semblent tellement ternies aujourd'hui. Voilà sa mère avec son menton volontaire, la tête relevée, respirant la rigidité, les lèvres pincées sur un sourire obstiné, le regard dirigé droit sur le photographe; elle tient sur ses genoux la plus jeune de ses sœurs. Malgré le temps, malgré l'espace qui les sépare, il a l'impression de sentir sa mère lui communiquer encore sa confiance en la vie, sa détermination à ne pas se laisser démolir. À sa mort, il n'avait que 17 ans. Comme il s'est senti abandonné! Debout, au centre de la photo, une autre sœur partie trop tôt, emportée par la sclérose en plaques, le 2 janvier 1986.

Lui, à l'autre extrémité de la photo, assis sur les genoux de son père, pose sur le photographe le regard sérieux de ses yeux ronds et clairs, ses petites mains jouant l'une avec l'autre. Une famille très vite disloquée au décès de sa mère, comme c'est souvent le cas encore quand le principal pilier d'une famille disparaît. Il n'a d'ailleurs rien fait pour empêcher cet éparpillement, prétextant ses affaires...

Son regard s'attarde maintenant sur cette autre photo de famille, en noir et blanc, prise lors du 25e anniversaire de mariage de ses parents. Cela lui semble un record inégalable. Peu à peu ses yeux se promènent vers le bureau; cherchent une photo précise, à travers les nombreux clichés de Nadia à tous les âges: Fernande et lui attablés devant une pizza dans un petit restaurant du Portugal; leur sourire radieux et, disons-le, amoureux, donne plus d'éclat à la nappe à carreaux vert et blanc que les chandelles fumant entre eux. Elle allonge son bras sur la table, comme pour toucher le sien, il laisse aller sa main vers elle et l'étreint tendrement...

Est-il possible de retrouver ce charme, de renouer avec ce romantisme? À peine se hasarde-t-il à formuler la question suivante: s'aiment-ils encore vraiment? Fernande lui échappe. Finira-t-elle par l'abandonner, elle aussi? Est-il possible de faire renaître ce bonheur qu'ils ont connu? ou est-il déjà trop tard?

Fermant les yeux, il reconstitue mentalement l'image actuelle de sa femme: son regard éteint, son sourire triste. Comment en arrive-t-on un jour à esquisser un sourire aussi mélancolique? Les coins de sa bouche, un rictus défait par une trop grande amertume. Tu ne me parles plus, lui reproche-t-elle. Mais elle-même se confie-t-elle vraiment? L'autre jour, il a trouvé le courage de formuler une plainte à son tour: Notre vie, depuis un certain temps, ressemble tout au plus à une banale «cohabitation». Ses yeux se sont aussitôt remplis de larmes et elle a acquiescé. Est-il possible de transformer tout cela?

Le cœur lourd, la mort dans l'âme, Armand ouvre le dernier tiroir du meuble lui servant de classeur. Sous une pile de dossiers, il saisit une autre photographie; depuis combien d'années n'a-t-il plus osé la regarder? Un petit bonhomme de trois ans, son fils, rit sans retenue, sa tête rejetée en arrière, ses cheveux s'agitant comme poussière fine dans le vent... Patrick, victime d'un feu rouge brûlé, brusquement extirpé de leur vie; éjecté de la voiture heurtée par un conducteur distrait. Fernande et lui, à jamais déchirés de douleur, n'ont plus parlé de leur fils depuis. En replaçant lentement la photo sous la pile de dossiers, Armand se demande si ce non-dit n'a pas marqué le début de tous les autres mots tus accumulés depuis. Une larme tremble au bord de ses cils. Il l'écrase rapidement du revers de la main. *Voyons! je n'ai guère de temps pour ces moments de faiblesse, fini l'apitoiement!*

Retrouver vivement l'enthousiasme, l'élan d'hier. Mais il ne peut trancher aussi facilement des sentiments si denses. Incapable de se remettre immédiatement au travail, il décide de préparer le café. Il se surprend à sourire en imaginant la surprise de Claudette. Laissant la porte ouverte entre leurs bureaux, il se penche sur ses dossiers. Le bon arôme du café lui chatouille bientôt les narines. Peu après, Claudette, les cheveux parfaitement tirés et le visage éberlué, se penche dans l'embrasure de la porte.

«Monsieur Lajoie! Vous êtes bien matinal. Madame Lajoie est passée?

— Mais non, pourquoi dites-vous ça?

— À cause du café...»

Armand s'amuse de son air ébahi.

«C'est moi qui l'ai préparé. Auriez-vous l'obligeance, Claudette, de bien vouloir entrer en contact avec le bureau du conférencier et d'inscrire les cadres de l'entreprise à son programme de fixation d'objectifs?

— Avec plaisir, monsieur.

— Fermez ma porte en sortant, s'il vous plaît...»

En moins de temps qu'il ne faut pour le dire, Claudette vient communiquer à son patron le résultat de sa démarche: la firme doit d'abord envoyer un représentant pour évaluer les besoins de l'entreprise. Que de temps perdu, lui semble-t-il! Et il en a si peu!

— Je sais, monsieur. En fait, votre emploi du temps est si chargé que vous n'avez somme toute aucune période de libre à votre agenda avant plusieurs semaines. Alors j'ai pensé fixer ce rendez-vous cet après-midi.»

Armand sursaute, reste muet, et sourit enfin.

«Bon! Tout bien considéré, vous avez bien fait. Puisqu'il faut remplir cette formalité, autant le faire subito presto. Prévenez-moi de son arrivée. J'apprécierais aussi que vous fassiez de nouveau du café...»

Une surprise de taille

À 14 h, Claudette fait entrer dans son bureau, nulle autre que Marie-Christine! Armand, tout décontenancé, en reste cloué sur place. La jeune femme lui tend la main en riant de son étonnement.

«Je suis représentante pour la firme, monsieur Lajoie, et l'adjointe du conférencier, mais vous l'aviez sans doute remarqué...

— Non, je vous assure, et j'étais même loin de me douter... Ça alors!»

Sidéré, il a peine à reprendre complètement ses esprits.

«Pardonnez-moi, je suis tellement stupéfait que j'en oublie les règles de bienséance. Je vous en prie, asseyez-vous. Prendriez-vous un café?

— Avec plaisir!

Armand appuie sur le bouton de l'interphone et demande à Claudette d'apporter deux tasses de café.

«Sans plus attendre, il demande d'entrée de jeu que son équipe soit inscrite à un programme de fixation d'objectifs professionnels...

— Et personnels», s'empresse-t-elle d'ajouter.

Freiné dans son élan, Armand se raidit un peu.

«Écoutez! Je comprends fort bien la pertinence d'un programme d'objectifs personnels, mais enfin! Vous comprenez certainement ma priorité comme propriétaire et président d'une entreprise, et c'est à juste titre la réussite de l'entreprise, ma principale préoccupation. Si mes cadres, suite à cette première expérience, désirent poursuivre leur démarche sur le plan personnel, libres à eux de le faire... mais à leurs frais et sur leur propre emploi du temps personnel, justement! Les affaires sont les affaires, je ne vous apprends certes rien! Et assis derrière ce bureau, je suis d'abord et avant tout un homme d'affaires!»

Pas très subtil, le bonhomme. Il peut bien lui décocher un sourire charmeur; c'est tout juste s'il ne lui dit pas être tout disposé à jouer un autre rôle. Mais Marie-Christine n'est pas le genre de femme à minauder.

— Je n'en doute pas, monsieur Lajoie. Mais vous avez aussi participé à une journée sur l'importance de se fixer des objectifs dans une perspective globale d'équilibre. En homme d'affaires perspicace et averti, vous n'êtes pas sans avoir constaté les réels avantages à tirer de cet équilibre... y compris pour votre entreprise...»

Fine mouche, va.

«D'ailleurs, notre firme, en accord avec ses convictions profondes, n'offre jamais de programme «tronqué» ou, si vous préférez, duquel on a retranché une partie. Notre discussion ne saurait donc porter sur le contenu de base du programme, mais plutôt sur le profil des participants d'une part, et les objectifs à atteindre d'autre part. C'est à vous tous donc de fixer les objectifs d'entreprise; à eux de déterminer leurs objectifs personnels. Dans ce dernier cas, vous vous pencherez uniquement sur les vôtres, bien sûr!»

— Vous estimez donc nécessaire ma présence au programme? Même après ma participation à une journée d'introduction à la théorie de la fixation d'objectifs et à la conférence portant sur la visualisation?

— Non seulement nécessaire, monsieur Lajoie, mais absolument essentielle. Que ce soit pour une meilleure compréhension et utilisation du programme, à titre de motivateur principal de votre équipe, mais aussi pour vous-même. Qui sont donc les autres participants? Voulez-vous présenter le programme à tous vos employés ou à vos cadres seulement?

— Commençons par les gestionnaires. Ça me donnera le temps d'évaluer les retombées. Je verrai par la suite s'il y a lieu d'étendre le programme à l'ensemble des employés.

— C'est une excellente stratégie; nous la recommandons souvent à nos clients.

En fin connaisseur des états d'âme de la nature humaine, Raymond, ce soir-là, s'abstient de toute conversation. Il sait reconnaître les moments où Armand préfère se consacrer au silence intérieur. Malgré sa capacité de discernement, Raymond serait sans doute plutôt surpris de voir les images défiler dans la tête de son patron...

Armand croit réfléchir au programme de fixation d'objectifs, mais sur l'écran de son esprit nonchalant, ce sont les longues jambes de Marie-Christine, assise devant lui, qui se croisent et se décroisent sans fin. Quelle femme! Il croit réentendre son argumentation, son rire frais, parfois moqueur, qui tintinnabule à ses oreilles. Il évalue avec justesse son intelligence, la délicatesse de son esprit. Il revoit ses yeux bleus se poser sur lui avec assurance...

Raymond dirait sans doute: *Pour changer la couleur de ses pensées, encore faut-il en prendre conscience.*

Travail d'équipe

Début mai, il a fait réserver une salle dans un hôtel – a commandé des brioches, des biscuits, des jus et du café – puis il a convoqué ses cadres pour 8 h 30. En les voyant arriver, il éprouve un certain malaise devant la complicité manifeste entre Marie-Christine et le conférencier. Mais en bon prince, il n'en laisse rien paraître.

À la demande de la jeune femme, il a fait disposer la salle en «U»: «Cela facilite les interactions entre les participants», a-t-elle expliqué. Sitôt le conférencier présenté, Armand se réfugie au fond de

la salle et examine son équipe. Certains d'entre eux, les plus sceptiques, ne sont là qu'à sa demande expresse et formelle, sans droit de
refus. *Forte incitation*, diraient-ils.

C'est une bonne équipe, constate-t-il tout de même avec satisfaction. S'y trouvent la nouvelle vice-présidente, Claire, une spécialiste
en finances; le directeur des ventes, André, un fonceur comme lui.
Jean-Louis lui manque tellement! La mort a ce pouvoir de provoquer
chez lui un sentiment d'abandon, sentiment très légitime d'ailleurs. Si
Jean-Louis le voyait en ce moment mettre en œuvre un programme
de fixation d'objectifs, comprenant un volet de visualisation créatrice
en plus! *Il doit bien se retourner dans sa tombe!*, songe-t-il en souriant
avec attendrissement. Après l'introduction, et selon sa méthode de
travail habituelle, le conférencier avance une première étude sur le
sujet.

«Après avoir interrogé des professionnels de la vente, A.P. Brief
et J.R. Hollenbeck en viennent, en 1985, à la conclusion suivante: la
majorité des gens ne possèdent pas, sans formation, les habiletés requises d'auto-régulation et de fixation d'objectifs. On doit se former
à ces habiletés[1].

«C'est la raison de ce programme. Il comporte sept étapes, dont
les cinq premières s'adressent à votre côté rationnel et structurel (partie gauche du cerveau) et les deux dernières s'adressent davantage à
votre côté intuitif, créateur (partie droite du cerveau), peut-être plus
"vendeur", en fait! Cette partie demeure pourtant la partie la moins
utilisée dans l'établissement des objectifs professionnels et personnels.

«À l'étape 1, notre **point de départ**, vous pourrez vous situer face
à la situation présente. C'est impossible de penser atteindre son objectif, ni d'en fixer l'itinéraire, si nous ne savons pas d'*où* nous partons!

«L'étape 2 porte sur la **gestion du temps**. Vous comprendrez ici
pourquoi une bonne gestion de son temps personnel améliore la
performance sur le terrain professionnel.

«À l'étape 3, vous dresserez la **liste des objectifs** de votre entreprise pour chacun de vos services. Vous commencerez à établir la liste

---

1.   E.A. Locke et G.P. Latham, 1991.

de vos objectifs personnels; vous pourrez bien sûr les compléter avec votre famille. Vous verrez alors clairement comment les objectifs professionnels interviennent inévitablement avec les objectifs personnels.

«À ce sujet, Steven P. Covey[1] dit: *"Il est facile de se laisser emporter par ses activités, de se laisser happer par le tourbillon de la vie, de travailler d'arrache-pied à gravir les échelons pour s'apercevoir, au bout du compte, qu'on s'est trompé d'échelle."* [2]

«À l'étape 4, vous prendrez le temps de **structurer des échéanciers** pour l'atteinte de vos objectifs; des échéanciers réels, concrets et réalisables.

«À l'étape 5, vous procéderez à l'établissement d'un **plan d'action stratégique**. Cette étape la plus importante est malheureusement aussi souvent la plus négligée.

«Comme je vous le disais, ces cinq premières étapes font appel à votre côté rationnel.

«À compter de la sixième étape, vous pourrez mettre en branle votre cerveau droit, pour **créer des affirmations positives** et pour renforcer le côté rationnel déjà suffisamment activé.

«Nous terminerons par l'étape la plus bouleversante par rapport à vos croyances: la **visualisation de vos objectifs.**»

Quelques murmures sceptiques s'élèvent dans la salle. Mais après avoir entendu les preuves de l'efficacité de la technique et les nombreux exemples tirés du monde des affaires, du sport, de la médecine, toute l'équipe déborde d'enthousiasme. *Le gros bon sens*, se rappelle Armand.

«Nous abordons maintenant de plain-pied le programme en sept étapes. Nous entrons concrètement dans le choix de vos objectifs **professionnels et personnels**, vos échéanciers et votre plan d'action stratégique à l'appui.

---

1.   Sommité internationale en formation de cadres et formateur à la Maison-Blanche.
2.   Simon et Schuster, *The Seven Habits of Highly Effective People.*

Grâce aux conseils du conférencier et d'un cahier conçu en fonction du programme, ils passent les deux heures suivantes à démêler les objectifs réalisables et irréalistes, les objectifs professionnels interdisant la réalisation des objectifs personnels, et vice versa. Armand commence à saisir la pertinence de mener les deux de front; pourtant, il ne peut se départir du sentiment de perdre sur l'investissement en sachant que ses employés travaillent aussi leurs objectifs personnels. Il retrouve son assurance au milieu des échéanciers et des plans d'action stratégiques, car dans ces questions se trouve sa force; il redouble d'enthousiasme en abordant de nouveau la question des affirmations positives et de la visualisation créatrice.

À la pause, les brioches sont grandement méritées et appréciées! À leur retour, d'emblée le conférencier insiste sur la nécessité de donner un suivi au programme.

«Beaucoup de gens d'affaires et d'entreprises qui ont compris l'importance de se fixer des objectifs, à la fois sur les plans professionnel et personnel, n'accordent pourtant pas au «suivi» toute l'importance nécessaire. C'est grâce au suivi que le plein succès du programme est assuré, car il permet une rétroaction efficace, une auto-analyse essentielle et le constat des progrès et des ajustements de tir adéquats.

«Un motivateur conférencier entendu une fois ou plus d'une fois — et peu importe sa compétence et son charisme — ne devrait pas être considéré comme une injection par intraveineuse! C'est un moteur qui vous propulse, vous entraîne dans son élan, vous donne un bon coup de pouce de départ. C'est vrai, je vous l'accorde, mais pour accomplir tout le chemin et vous assurer d'arriver à destination (atteindre vos objectifs), il vous faut une carte routière. Elle vous servira d'autorégulation, Elle vous permettra de vous diriger, vous indiquera les moments propices à l'accélération ou au ralentissement, vous permettra de vous retrouver, si jamais vous vous perdez en cours de route, vous mènera finalement à destination.

— Voulez-vous dire que vous devrez revenir régulièrement vérifier où nous en sommes?», s'enquiert Armand.

— Non, non, monsieur Lajoie, ne vous inquiétez pas. Comme vous le verrez dans quelques instants, vous effectuerez ce suivi de façon tout à fait autonome.»

«Mais allons-y voir. Comme nous le disions, pour se rendre à destination, il faut une carte de route. Cette carte nous sert à nous diriger, à décider quand ralentir, quand accélérer et à nous retrouver quand la route ne nous mène pas où nous voulions qu'elle nous mène. L'autorégulation consiste ainsi à activer et soutenir des comportements orientés vers l'atteinte d'un objectif[1]. En fait, cette démarche comprend trois sous-processus:

1.   L'auto-observation ;

2.   L'auto-évaluation ;

3.   L'auto-réaction.

«Toutes ces "autos" devraient vous permettre de bien prendre la route, c'est entendu.

«L'auto-observation consiste à observer simplement, mais avec précision, votre comportement en termes de qualité, de quantité, de fréquence et de durée. Par exemple, si votre objectif est de cesser de fumer, l'auto-observation pourrait consister à noter par écrit le nombre de cigarettes consommées chaque jour, le moment choisi pour fumer, l'état extérieur et intérieur où vous vous trouvez au moment où vous décidez d'en griller une.

«L'auto-évaluation consiste à comparer la performance obtenue au point d'arrivée avec l'objectif fixé au départ. Il s'agit donc ici d'évaluer votre progression.

«Enfin, dernier processus et non le moindre, l'auto-réaction consiste à tirer des conclusions, par rapport à vos habiletés et à vous-même, à partir des observations et des évaluations précédentes de votre performance. La perception d'une progression acceptable et l'anticipation de la satisfaction procurée en atteignant votre objectif ont des effets reconnus sur la motivation à atteindre cet objectif[2].

---

1.   D.H. Schunk, 1990.
2.   D.H. Schunk, 1990.

«Ainsi, la fixation d'objectifs facilite l'auto-régulation, car l'objectif lui-même définit un critère d'auto-évaluation de la performance. Ne pas atteindre son objectif provoque une auto-évaluation négative de la performance. Une telle évaluation négative mène généralement au redoublement des efforts et incite à chercher de nouvelles solutions pour éliminer cette source d'insatisfaction[1].

«Avec le programme, nous vous fournissons un agenda pour vous permettre de suivre vos objectifs à la trace, semaine après semaine. Là se situe toute la différence! Lors de rencontres avec vos employés, vous pourrez appliquer concrètement les trois sous-processus de l'auto-régulation. La discipline de ce suivi influence au premier chef le degré de votre performance.

«Près de 33 études recensées[2] s'entendent pour affirmer: la combinaison des objectifs et de la rétroaction augmente l'efficacité de la performance, et de 17%, précisent certains chercheurs[3]. La rétroaction indique le degré d'atteinte de l'objectif. Elle permet de doser les efforts et de rajuster les stratégies[4]. La performance s'améliore au mieux dans les conditions suivantes[5]:

- La personne est insatisfaite de son niveau actuel de performance;

- Elle présente un sens élevé d'efficacité personnelle (elle a confiance dans ses habiletés à s'améliorer);

- Elle se fixe des buts en vue de s'améliorer.

«Nous venons de terminer l'aspect théorique de notre programme. Avant d'aller nous restaurer, je vous propose un excellent film sur «le pouvoir du travail en équipe». Il soulèvera sans doute quelques discussions intéressantes au cours du repas.

Pendant le déjeuner, Marie-Christine, le conférencier à sa droite et Armand à sa gauche, ressent une énergie pour le moins ambivalente

1. E.A. Locke et G.P. Latham, 1990.
2. *Idem.*
3. A.J. Mento, R.P. Steel et R.J. Karren, 1987.
4. E.A. Locke et G.P. Latham, 1990.
5. Albert Bandura et D. Cervone, 1986.

flotter autour d'elle. Ce n'est pas le conférencier, non, leur forte complicité s'est tissée au fil du temps et des événements, et elle est parfaitement consciente de cette entente profonde. Elle en reçoit d'ailleurs l'hommage sincère et discret en toute confiance.

En vérité, là où le bât blesse, c'est sans conteste du côté d'Armand. Elle ne sait pas très bien comment composer avec ce genre d'homme. En sa présence, elle a toujours l'impression de marcher sur un terrain glissant. Entre le séducteur frustré, l'homme d'affaires averti et l'être humain en quête d'équilibre, elle perçoit l'éventail des confusions. Il parle beaucoup, croyant certainement ériger un pont de communication entre ses interlocuteurs et lui. S'il savait, le pauvre, il élève tout simplement un mur de censure entre ce qu'il éprouve et ce qu'il livre. Ainsi coupé de lui-même, comment peut-il espérer créer de véritables liens?

Au jardin des grands enfants

Au retour du déjeuner, quelle n'est pas la surprise des participants de trouver leurs chaises disposées contre le mur. Des cartons de couleur, des revues, des ciseaux, des pots de colle sont étalés çà et là sur la moquette, tout comme au jardin d'enfants! Ah oui! le travail d'équipe prend vraiment ici une tournure inattendue et digne de mention!

Pour les éclairer, le conférencier leur explique les trois volets de la technique du «découping»[1]: découper, coller, exposer. Grâce aux images et aux mots découpés dans les revues éparses autour d'eux, il s'agit d'illustrer leurs objectifs définis plus tôt sur des cartons. Ils pourront les afficher ensuite au bureau et à la maison, s'en investir à les avoir toujours sous les yeux, jusqu'à leur entière réalisation.

Armand et ses cadres comprennent difficilement les attentes du conférencier. Doivent-ils vraiment s'asseoir par terre, découper des images et les coller sur des cartons? Cette démarche leur semble un peu douteuse et les gêne. Leur embarras se lit d'ailleurs sur leurs

---

1.   Terme propre au conférencier et à sa méthode de travail signifiant «découper des images».

visages. Mais le conférencier et son adjointe, Marie-Christine, insistent et leur répètent les consignes d'un air amusé et pas le moins du monde surpris.

Puis ils se décident enfin. Chaque équipe est répartie dans un coin de la salle: celle du marketing, l'équipe des finances et l'équipe des ventes. Chacune s'affaire tant bien que mal à illustrer ses objectifs propres. On laisse de côté les chaussures. C'est beaucoup plus confortable pour s'asseoir en petit bonhomme ou en petite bonne femme! De temps en temps, un rire fuse, on y perçoit encore un peu de gêne. Mais bientôt les remarques jaillissent d'un coin de la salle à l'autre:

«Dis donc, Louise, n'as-tu pas l'objectif de paraître plus détendue? pour que ta voix soit plus souriante auprès des clients qui communiquent avec nous?

— Oui, pourquoi?

— Que dis-tu de cette image?

À quatre pattes, Daniel s'étire et lui donne l'image d'une femme au téléphone, sourire radieux, les yeux tournés vers le ciel, belle et sensuelle à souhait.

«Est-ce que ça t'inspire, ça?

Louise éclate de rire.

«C'est en plein ce qu'il me faut!

Armand constate avec satisfaction l'interaction spontanée des équipes. Plus tard, le conférencier les invite à faire le tour de la salle pour contempler les «œuvres» de chacun. Claire, la nouvelle vice-présidente aux finances, lui présente l'immense affiche recto verso de son équipe. Au recto, les images transpirent de dynamisme; au verso, c'est l'aspect plus décontracté qui prévaut.

«Pour nous, la meilleure façon d'atteindre notre objectif aux finances, c'est de se donner à plein tout en étant plus relax. Nous sommes plus efficaces tout en étant plus détendus.

— Oui, je comprends, mais pourquoi en avoir mis des deux côtés? Vous allez les afficher en alternant une semaine ou l'autre?»

Ils pouffent tous de rire.

«Vous n'y êtes pas du tout, j'ai tout simplement pensé disposer cette affiche dans la vitre de mon bureau. Ainsi, j'en vois un côté à mon arrivée et, en m'assoyant, je vois l'autre volet de nos objectifs. Je suis une petite futée; j'utilise les deux côtés de mon cerveau, moi!», ajoute-t-elle d'un air espiègle.

Mais c'est génial! Claire fait décidément montre d'une bien belle créativité! Il se réjouit de sa contribution au sein de l'équipe.

Plus tard, la démarche devient plus individuelle. On demande à chacun de préciser ses objectifs personnels. Il faut bien sûr s'assurer de leur harmonie avec les objectifs professionnels. Pour masquer son trouble, Armand trouve un prétexte pour quitter la salle.

À la fin de cet après-midi de visualisation et de «découping» – qui marient atmosphère détendue et travail sérieux dans un heureux équilibre – bouts de papiers et revues chiffonnés jonchent le plancher. Chacun brandit deux ou trois cartons très colorés, clamant avec beaucoup d'originalité leurs propres objectifs, à la fois au plan professionnel et au plan personnel. De retour au sein de l'équipe, Armand ne peut s'empêcher de constater le cheminement de ses pairs en une journée. Ces professionnels ont accepté de livrer aux autres une parcelle de leur vie personnelle; ce faisant, ils se sont en même temps rapprochés et ils ont grandi du coup dans leurs relations personnelles. Ils ont ainsi passé de l'intention à l'action en donnant aux théories et aux recherches leurs aspects pratiques.

Le conférencier conclut en mettant l'accent sur l'engagement envers ses buts et sur la nécessité de se doter de la discipline requise pour les atteindre.

«Faites de cette technique votre outil quotidien. Que ce soit dans le domaine des sports ou celui des affaires, nous n'atteignons pas l'excellence sans efforts répétés et continuels. Même un champion doit s'attendre à perdre un tant soit peu de motivation un jour ou l'autre. Rien n'est plus humain et normal, et même des années de pratique ne pourront vous empêcher de vivre certains moments de découragement. Et, croyez-moi, je vous parle en connaissance de cause.

«Gardez cependant à l'esprit, lors de ces moments plus difficiles, que l'échec n'est pas une fin, mais un commencement. Non, l'échec n'est pas une fin, mais bien plutôt un moyen de se dépasser et de franchir d'autres barrières. Bien plus, il représente un apprentissage additionnel. Vous connaissez alors une façon inefficace de fonctionner; et vous savez comment l'éviter à l'avenir.

«L'échec vous donne l'occasion de rajuster votre tir, de vous corriger au lieu d'abandonner: c'est ça, la rétroaction! Et cette rétroaction est aussi nécessaire en termes de réussite! Atteindre un objectif entraîne *aussi* des changements; et qui dit changements, dit ajustements et périodes d'adaptation.

En quittant la salle, leurs affiches sous le bras, les participants saluent chaleureusement le conférencier dont ils ont apprécié la simplicité. Ils s'empressent également de remercier Armand pour cette initiative.

«Merci, monsieur Lajoie. Cette journée a réussi à démythifier une notion qui m'apparaissait plutôt «ésotérique» au départ...

– Merci d'avoir mis à notre disposition des outils aussi efficaces! Nous en profiterons tous et l'entreprise aussi par surcroît!»

Claire lui tend la main en souriant:

«J'ai non seulement beaucoup appris, mais je me suis aussi vraiment beaucoup amusée! Merci!

On dirait de grands enfants à la sortie d'une garderie. Chacun semble plus déterminé, plus jeune.

Des résultats inespérés

Un mois plus tard, un homme d'affaires confiant, réunit ses cadres et les responsables du crédit de sa caisse populaire. Une heure plus tard, une équipe dynamisée – *ça vaut mieux que dynamitée* –, songe Armand, quitte son bureau. Satisfaits de la tournure des événements et rassurés de la stabilité du programme mis en place si rapidement, l'institution prêteuse accepte de soutenir Armand et appuie son plan de redressement. Pour ces financiers, ce qui importe, c'est que ça rapporte, et les résultats sont déjà apparents.

Avant de partir, Richard Massé, le directeur de la caisse, désire s'entretenir avec lui en aparté.

«À ce que je vois, Armand, tu as fini par te décider! Tu as enfin suivi mes conseils. Ça me fait bien plaisir, et, somme toute, les résultats sont très encourageants. As-tu commencé à travailler aussi tes objectifs personnels?»

Mal à l'aise, Armand écourte la conversation et ramène le directeur général au reste du groupe.

«Bien sûr! ma fille s'est justement fixé comme objectif «personnel» – il met l'accent sur ce mot – de remporter la médaille d'or en natation aux Jeux olympiques d'Atlanta.

Chapitre 7

Atlanta

*A*rmand a commandé du champagne. Pour un tel événement, c'est le nec plus ultra!

«Armand, si tu festoies maintenant, comment t'y prendras-tu pour célébrer la médaille? si toutefois elle la...

— Fernande, ne dis jamais ça, même si ce n'est qu'un murmure. Nadia la gagnera sa médaille d'or! Pour réaliser ses rêves, il faut y croire de toutes ses forces. Le conférencier nous l'a très bien communiqué. Ah oui! c'est vrai, tu n'étais pas là! Écoute, je vais t'expliquer: il s'agit tout simplement de «visualiser», c'est-à-dire de voir ou d'imaginer dans ta tête (on appelle cela une image «mentale») une médaille dorée autour du cou de Nadia.»

Il sourit.

«En ce qui me concerne, je te le jure, je n'éprouve aucune difficulté à la voir. Tiens, regarde! Je renverse ma tête en arrière, comme ça, je ferme les yeux, et ma championne, ma fille apparaît, une belle médaille autour du cou... Fais-le aussi, ça l'aidera! Sûrement plus, en tout cas, que de laisser planer tes doutes. Je te trouve bien négative!»

— Laisse tomber. Je vais plutôt regarder le film.

— Une autre occasion perdue...

— Armand, je t'en prie, arrête. Et puis, s'il te plaît, laisse-la respirer un peu, elle aussi. Elle est à Atlanta depuis une semaine, elle doit déjà être au bord de l'épuisement et de la crise de nerfs.

— Tu vois? Tu te laisses encore prendre par des visualisations négatives. Tu ne sembles pas avoir compris grand-chose à mes explications.»

Il fait signe à l'hôtesse de l'air et commande une autre petite bouteille de champagne. Fernande glisse l'écouteur dans son oreille et lève les yeux vers l'écran, où les premières images apparaissent. Armand incline de nouveau la tête en arrière, ferme les yeux, sourit à ses images intérieures...

Ce qu'il voit l'enchante au plus haut point, le pousse au paroxysme de la joie et de l'euphorie. Nadia est là sur le podium, le visage rayonnant de fierté; elle le repère dans la foule hurlante, lui adresse de la main un baiser discret et rempli de reconnaissance. Il se sent enfin récompensé pour toutes ces années de travail acharné, pour tout l'argent investi. Sa foi à lui l'a menée vers la victoire finale. Dans les gradins, debout parmi les autres, il répète intérieurement: C'est ma fille, c'est ma fille... Armand se laisse emporter par son rêve.

Nadia fait la une des journaux... Les manchettes ne tarissent pas d'éloges. Pas seulement les journaux d'Atlanta, évidemment, ceux de chez nous aussi. Quelle bonne publicité pour l'entreprise: Nadia Lajoie, fille d'Armand Lajoie, un homme d'affaires prospère. Une occasion de récupérer un peu ma mise, une sorte de retour sur le capital. Un investissement doit toujours rapporter, dit-on. J'en ferai le porte-parole de l'entreprise, tiens! Elle deviendra la vedette de mes campagnes publicitaires. Dotée d'un si joli minois, elle passera très bien à la télévision! Tous les champions se prêtent à ce genre de publicité. Elle ne pourra pas me refuser ça tout de même!»

Tout est calme dans l'avion. Les acteurs se meuvent sur l'écran et susurrent leurs répliques à l'oreille des passagers. Armand s'est assoupi. Ses visions glorieuses somnolent doucement avec lui, portées par les bulles du champagne.

«Allô? Nadia? Enfin! comme c'est bon de t'entendre! Nous essayons de te joindre depuis notre arrivée à l'hôtel. Ton père croyait te voir à l'aéroport. Oui, je sais, je le lui ai dit.» Armand ne tient plus en place et veut lui parler. «Arrête, Armand, laisse-moi lui parler deux minutes!»

Il court vers le téléphone de la salle de bains, faute de mieux:

«Alors? comment va l'entraînement? Tu me sembles fatiguée! Je sais, c'est terriblement épuisant mais ne te laisse pas abattre! Attention, poulette! Ta voix manque d'enthousiasme, ma championne. Ton entraîneur personnel est arrivé, ma puce. Je vais te prodiguer les conseils les plus judicieux dont tu puisses rêver et je ne ménagerai pas les encouragements, je t'assure! Quand te voit-on? Allons donc! nous ne pourrons pas te voir? Ils vous gardent comme de vrais cerbères, alors? Tu es certaine? Oh non! Les visites touristiques ne m'intéressent pas tellement, je les laisse à ta mère. Non, je vais plutôt m'installer devant la télé et écouter la retransmission des Jeux olympiques. C'est pour ça que je suis venu, non? Et puis, ça me fera tout drôle d'entendre ton nom à la télé; même s'il est écorché par l'accent impossible des commentateurs sportifs d'ici, ce sera du velours à mes oreilles. De toute façon, par cette chaleur, je préfère l'air climatisé de l'hôtel. Atlanta en juillet, on ne peut pas dire que c'est le moment idéal. Oui, oui, je comprends, je te laisse. N'oublie surtout pas tes deux pratiques très importantes. Mais oui, les pratiques concrètes et les pratiques par la pensée. Je ne peux pas t'aider pour les premières, mais je «visualise» autant que toi, ma chérie. Ton rêve, c'est aussi mon rêve, bébé. C'est ça, à demain! Oui, bien sûr, nous serons présents aux qualifications. Au revoir.»

Armand croyait trouver plus de spectateurs dans les gradins. Bien sûr, la plupart d'entre eux préfèrent assister aux jeux proprement dits. Leurs filles ne se présentent pas comme la sienne aux qualifications préliminaires. Autour de lui, il entend quelques remarques: «*C'est déjà beau qu'elles se soient rendues jusqu'ici.*» Il hausse les épaules. Les gens ne savent décidément pas rêver: ceux-là, c'est certain, ne monteront pas sur le podium! Sa fille y rêve depuis sa plus tendre enfance. Grâce à son appui indéfectible, en plus, elle est appelée à triompher. «*J'ai donné à profusion sans m'interroger sur la qualité de ce que je donnais. C'est peut-être ce que Fernande me reproche. Elle ne*

semble pas me comprendre! Sur ces entrefaites, elle lui murmure justement à l'oreille:

«J'ai l'estomac tout barbouillé. Tu imagines comment Nadia doit se sentir en ce moment?

– En championne, Fernande, en championne. Regarde! La voilà!

Au milieu d'une vingtaine de nageuses, Armand a tout de suite repéré Nadia, toute menue dans son maillot noir moulant son corps – l'aérodynamique oblige – ses jambes parfaitement glabres. Tout comme les autres, elle met son bonnet de bain, camouflant ses cheveux cendrés. Il a toujours exigé qu'ils soient courts pour ne pas qu'ils l'entravent le moins du monde sous le bonnet. Ses lunettes de plongée lui donnent un drôle d'air.

D'abord, c'est la séance d'échauffement. Une nage lente est exécutée puis une nage rapide en alternance, puis une nage lente encore. Armand observe les mouvements de Nadia et s'inquiète:

«Elle ne semble pas au mieux de sa forme.

– Elle doit ménager ses forces.

– Oui, peut-être...»

La séance d'échauffement terminée, le premier groupe s'apprête à plonger. Nadia n'en fait pas partie. Au coup de sifflet, sept filles plongent et filent dans leur couloir respectif. On ne distingue que leurs bras qui propulsent puissamment leurs corps vers l'avant. À intervalles réguliers, leurs visages se tournent en cadence sur le côté, et leurs bouches soudainement grandes ouvertes respirent avidement une goulée d'air avant de s'abandonner de nouveau au tumulte de l'eau. Au bout du couloir, elles tournent rapidement; déjà elles reviennent, les distances s'accentuent légèrement entre elles.

La tête à peine sortie de l'eau, elles reprennent leur souffle, les nageuses regardent avec fébrilité le tableau affichant les résultats. Cinq d'entre elles reçoivent une décharge d'adrénaline, les deux autres se retirent sans parler à personne.

Après les présentations officielles, le second groupe s'apprête à plonger. Armand et Fernande, le souffle court, ne tiennent pas en place sur leur siège. Les mains moites, unis par la même tension, ils sont pourtant à peine conscients de la présence de l'autre.

Dans un état second, ils voient leur fille Nadia filer à toute allure dans son couloir, allonger et ramener ses bras, aspirer l'air, foncer tête sous l'eau... perdre du terrain. De plus en plus tendus, ils la voient tourner en bout de couloir, perdre davantage de terrain, s'obstiner vainement, puis abandonner. Elle se classe loin derrière les autres. Tout en se hissant hors de la piscine, elle jette un bref et rapide coup d'œil au tableau dont elle connaît déjà le verdict: elle ne se qualifie pas. Sans un mot, sans un regard pour personne, la tête basse, elle s'en va marchant plus vite qu'elle n'a jamais nagé.

Dans les gradins, Armand pose une main sur le dossier du siège devant lui. Il s'y appuie de tout son poids. C'est comme si le stade allait s'écrouler emportant tous ses rêves avec lui. Il a l'impression de peser une tonne. Des larmes de déception coulent sur les joues de Fernande. Malgré le brouhaha autour d'eux, comme si de rien n'était, ils n'entendent plus rien. Même leur agitation intérieure s'est tue.

Au bout de quelques instants désespérément longs, Fernande pose la main sur le bras de son mari et dit:

«Viens, Armand. Elle a besoin de nous.»

À travers le labyrinthe du stade, ils se fraient lentement un chemin vers la salle d'habillage des nageuses en passant auparavant les multiples contrôles de sécurité. Au seuil de la porte entrouverte, laissant filtrer les cris de surexcitation, Armand murmure complètement abattu:

«Vas-y, toi. Je ne peux pas entrer là, moi.»

Fernande revient quelques minutes plus tard.

«Elle est partie en voiture. Elle n'avait sans doute pas le courage de nous faire face tout de suite.»

Elle pleure à chaudes larmes.

«Armand, je t'en prie, ne sois pas trop dur avec elle. Ça doit être déjà tellement difficile pour elle.»

La révolte gronde en lui, il explose.

«Comment? difficile pour elle? Et moi alors? C'est dur pour moi aussi, tu sais! C'est aussi mon rêve qui s'écroule.»

Fernande doit courir derrière lui pour le rattraper.

Nadia a déjà gagné la banlieue d'Atlanta grâce au petit cabriolet loué en arrivant. Le fait de se mesurer à la circulation habituellement dense, et maintenant démente vu la tenue des jeux, lui permet de mettre en veilleuse son amère déception.

La route s'étire maintenant en ligne droite devant elle, et soudainement sa déception remonte avec force du plus profond de ses entrailles; son cœur se remplit de désespoir. Des sanglots s'étranglent dans sa gorge nouée. D'un geste rageur elle allume la radio; la referme aussitôt, craignant qu'on parle de son échec avec l'accent du Sud.

Elle se penche pour fouiller dans les nombreuses cassettes gisant éparses sur le siège du passager, puis, son pied appuie sur l'accélérateur et la voiture bondit en avant tel un cheval cravaché. *Plus vite, plus vite. Ce n'est pas encore assez vite, pas assez vite.*

Elle met la musique à fond, appuie encore sur l'accélérateur. Les larmes jaillissent enfin comme éclate une tornade. Elle hurle sa souffrance à travers la musique tonitruante. L'eau dans ses yeux lui fait plus mal que le chlore de la piscine. Son regard s'embrouille. Elle ne voit pas venir le virage, le prend sur les chapeaux de roues.

Elle accélère encore. D'un geste rageur, avec ce bras qui l'a trahie, à travers ses propres cris à fendre l'âme, elle essuie un peu de ces larmes qui ruissellent sur son visage. Elle voit très bien venir le virage suivant. Le rétroviseur lui indique que la voie est libre.

Tenant le volant de la main droite, elle dirige lentement sa main gauche vers sa hanche. Elle appuie fermement sur le bouton de la ceinture et perçoit nettement, malgré la musique assourdissante, le déclic du fermoir.

Puis soudain, un crissement de pneus labourant l'asphalte. Dans le court instant de silence qui accompagne l'embardée de la voiture, elle murmure dans un dernier sanglot: *Papa!* Ensuite, tout éclate autour d'elle et en elle.

Fernande et Armand courent comme des fous dans les couloirs de l'hôpital. Inquiets, ils ne savent trop à quoi s'en tenir après le message reçu à leur hôtel: «Prière de venir le plus vite possible. Votre fille a été victime d'un grave accident. Elle est toujours en vie, mais son état est très sérieux.»

À la porte de la chambre se trouve un homme en sarrau blanc en train de discuter avec un policier. En voyant arriver Fernande au visage ravagé de larmes, et Armand au regard livide, ils se taisent. Ils empêchent Fernande de se précipiter à l'intérieur et il lui dit avec un accent sud-américain: «Vivante, elle est vivante... pour l'instant», précise le médecin. «Un coma profond... de multiples contusions... une fracture du crâne... la plupart de ses membres sont brisés...» Reste-t-il des parcelles de leur fille en mesure de vivre?

Armand étouffe et il éprouve le besoin de dire quelque chose...

«Elle devait se sentir terriblement désemparée après son échec – quel horrible mot! – elle ne devait certainement pas avoir la même assurance au volant; elle est pourtant si prudente d'habitude.

— Selon notre évaluation, elle devait rouler à près de 160 km/h, monsieur...

— Oh! la ceinture l'aura sauvée, alors?»

Les deux hommes échangent un regard.

«Nous avons tout lieu de croire qu'elle n'était pas attachée, monsieur.»

Fernande porte soudain la main à sa bouche pour ne pas hurler. Le policier les regarde tour à tour, hésite puis finit par murmurer:

«Ça ressemble à un suicide...

— Une tentative de suicide», rétorque l'homme en blanc. Je vais faire mon possible pour réparer son corps... Si elle s'en remet... vous devrez l'aider à soigner son âme...»

Le silence tombe sur le petit groupe. Il dure pourtant à peine un instant, car de nombreux pas martelés se précipitent vers eux. Des éclairs de magnésium crépitent sur leurs visages abasourdis, et tous reconnaissent à leurs questions la meute des journalistes affamés: «Est-il vrai qu'il s'agit d'un suicide et non d'un accident?» «Elle n'a pas réussi les qualifications, c'est ça?» «Sa discipline était-elle le plongeon ou la natation?» «Êtes-vous le père?» «Vous êtes, paraît-il, un important homme d'affaires de Montréal?» «Quelle entreprise dirigez-vous?» «Madame, quel effet cela fait-il d'apprendre que sa fille a voulu se suicider?» «Vous étiez proches l'une de l'autre?» «Avez-vous d'autres enfants?» «Vous sentez-vous une responsabilité quelconque dans ce qui vient de se produire?»

Malgré la célérité du policier et du médecin à éloigner les loups sans pitié, les questions insidieuses se faufilent sous le crâne des parents atterrés. Ils se glissent rapidement dans la chambre dont ils referment doucement la porte derrière eux. Dans la pénombre de la pièce dont on a tiré les stores, ils découvrent, immobile et blanche dans un lit étroit, la forme mutilée, momifiée de leur fille, dont ils reconnaissent à peine le visage.

Fernande tombe à genoux près du lit; des sanglots la secouent comme une poupée de chiffon. Armand contourne l'enchevêtrement des fils et des appareils qui maintiennent encore sa fille en vie. Mais pour combien de temps encore? Il cherche à travers les bandages tachés de sang, ce visage tuméfié, aux lèvres presque arrachées, aux paupières gonflées, aux joues teintées de mauve et de jaune... sa petite fille adorée, son bébé.

Autour de son cou, un carcan lui tient lieu de médaille.

Armand s'effondre à son tour. Il pleure comme un enfant. Il étouffe le cri qui monte de ses entrailles déchirées pour ne pas rompre définitivement le léger souffle qui anime encore la chère poitrine de sa fille, qui ne sera jamais couronnée: «*Pourquoi? Pourquoi? Pourquoi?*»

Fernande redresse alors la tête, réprime ses sanglots afin d'être capable de parler. Ces deux êtres, qui sont tout aussi brisés que leur fille démantelée, échangent dans un murmure ce dialogue qu'en d'autres lieux ils auraient hurlé.

«Ce n'était pas son rêve, Armand, c'était le tien. Son rêve, c'était de faire de l'équitation. Tu le sais pourtant; tu l'as toujours su.

— Non, non, Fernande, ne fais pas ça. Ne me mets pas tout sur le dos, je ne pourrai pas le supporter.»

— Tu ne l'as pas fait exprès, Armand, je sais. Tu l'aimes, je le sais aussi. Elle aurait dû refuser d'endosser ton rêve. Elle a essayé. Mais elle est si jeune encore. Elle l'était encore plus quand tout a commencé... J'ai essayé, moi aussi, de te parler... Tu n'écoutais pas, Armand. Tu n'étais pas souvent là, et quand tu y étais, ce n'était pas pour nous écouter, c'était pour parler. De toi, de tes projets, de tes rêves, de ton entreprise... Moi j'étais ta femme, elle ta fille...Si tu savais comme tu nous as laissé très peu de place pour être autre chose que tes choses!

— Mais c'est pour vous que j'ai fait tout ça. À quoi me sert tout ça, si ce n'est pour vous l'offrir?

— Nous avons besoin de toi, Armand, de toi. À quoi ça sert tout ça si tu n'es jamais là pour le vivre avec nous?

— À rien, Fernande, à rien... Tout s'écroule. Toute ma vie s'en va à vau-l'eau... Je ne te l'avais pas dit, mais depuis un certain temps, je vis beaucoup de difficultés au niveau de l'entreprise... Je te le dis, Fernande: L'entreprise, ce n'est rien... rien, en comparaison de tout ce que vous représentez pour moi. Je me suis trompé: j'ai mis mes valeurs à la mauvaise place...

Élevant la voix comme pour se défouler: «Je voudrais juste qu'il ne soit pas trop tard pour me rattraper...

— Ne crie pas, Armand! La petite...

— Excuse-moi! Tu sais... Je me rappelle maintenant... Le conférencier – celui dont je t'ai parlé – il disait de toujours se poser cinq questions avant de choisir un objectif. L'une des questions, c'est:

"S'agit-il vraiment de votre objectif?" «Je n'ai pas compris... Je n'ai vraiment rien compris...»

Secoué de nouveau par des sanglots profonds, il cherche un mouchoir dans sa poche. De ses doigts malhabiles, il heurte une petite boîte. Tout tremblant, il se rappelle soudain très bien son contenu; il ouvre la boîte. Sans oser la toucher, il dépose sur l'oreiller, près de la chère tête emmaillotée, la deuxième boucle d'oreille et murmure:

«Reste avec nous, Nadia, je t'en supplie! Reste avec nous, ma puce. Donne-moi une chance de tout recommencer.»

Chapitre 8

Des objectifs
de vie personnelle

«*A*rmand! viens voir...

— Une minute, j'arrive...»

Armand apparaît en haut de l'escalier.

«Tu ne veux vraiment pas t'installer dans le boudoir? Nous serions plus près de la chambre de Nadia au cas où elle aurait besoin de quelque chose...

— Armand, tu lui as acheté une clochette... Tu remonteras si elle sonne.

— Tu as raison, laisse-moi seulement vérifier si elle n'a pas besoin de quelque chose immédiatement; je descends tout de suite...»

À peine disparu, il réapparaît en haut de l'escalier.

— Nous pourrions même nous installer avec elle dans sa chambre. Après tout, nous nous apprêtons comme elle à nous fixer des objectifs.»

Fernande sourit.

«Non, pas tout à fait la même chose, Armand. Nadia a ses propres objectifs, nous avons les nôtres.

— Bien sûr! Tu as raison. Bon! Je reviens tout de suite.

Fernande a allumé le premier feu, un peu tôt pour la saison, mais c'est tellement plus chaleureux! Elle a étalé sur la moquette, face au foyer, un tas de revues. Plus personne ne les jette: on a trouvé une si belle façon de les recycler! Elle a réuni des ciseaux, des bâtons de colle, des cartons de diverses couleurs et de toutes sortes de dimensions. Elle sourit en imaginant qu'Armand sera à genoux près d'elle dans quelques instants. Décidément! Certains événements de la vie, aussi pénibles soient-ils, sont parfois des passages vers des ailleurs inimaginables...

Armand la rejoint enfin.

«Tu as déjà tout installé?

— Hum! hum! Il manque juste toi pour commencer... Tu te décides? Qu'est-ce que tu as à tourner en rond comme ça? On dirait que tu n'as jamais fait ça!

— Je suis plus familier avec des objectifs professionnels.

— Ça fonctionne de la même manière, Armand.

— Pas tout à fait. Pour le moment, je vais m'agenouiller près d'une fort belle femme...

— Viens là.»

Après l'avoir longuement serrée dans ses bras, il se montre encore hésitant:

«Je ne comprends pas pourquoi tu veux faire du «découping» sur le Portugal, car l'objectif est atteint, on a déjà les billets d'avion!

— Tu n'as pas encore compris, Armand. Regarde ce que j'ai envie de coller sur les images du Portugal...»

En feuilletant des revues au hasard, elle lui montre des couples tendrement enlacés, marchant main dans la main, riant ensemble.

«Le Portugal m'intéresse parce qu'il nous offre l'occasion de nous retrouver comme un couple, un "vrai" couple...

— Avec la romance et tout?

— Oui, avec le romantisme, et plus encore...

– Quoi d'autre?

– Une vraie communication. Armand, nous devons apprendre à nous dire l'un l'autre. Sans peur, sans pudeur, et aller au fond des choses. Je ne veux plus de tous ces non-dits entre nous; ils ont bien failli nous perdre! D'ailleurs, ne te fais pas d'illusions: la partie n'est pas gagnée d'avance... La bonne volonté est une chose, la démarche en est une autre!

– Aie confiance, Fernande: la pensée créatrice possède un grand pouvoir. Grâce à notre imagination et à la visualisation, nous y arriverons, tu verras, surtout si nous nous choisissons.

– Voilà! Maintenant tu comprends pourquoi je tiens tant à faire ce "découping" avec toi! Après tout, étant donné que cela a si bien marché pour ton entreprise, je ne vois pas pourquoi la même méthode ne nous procurerait pas les mêmes succès dans notre vie...

– Tu as raison: allons-y!»

Armand plonge allégrement dans le tas de revues.

Les affiches s'amoncellent autour d'eux, pleines de couleurs, de créativité, de couples jeunes et beaux aux regards énamourés! Armand se penche vers Fernande:

«Tes yeux brillent comme ceux d'une jeune fille!»

Continuant de feuilleter un magazine, il pousse soudain un cri.

«Qu'est-ce qu'il y a?

– Regarde ça! N'est-il pas magnifique, non?»

Moqueuse, Fernande demande:

«Tu veux faire de l'équitation au Portugal?»

Entrant dans son jeu, il réplique:

«Pourquoi pas? Attends-moi deux secondes. Elle est trop belle, je vais la lui porter...»

Il grimpe l'escalier quatre à quatre. Sur le lit, éparpillées autour de Nadia, des affichettes représentent de coquettes fermettes, de douces prairies, des sentiers de montagnes. Des chevaux sur chacune des affichettes, bien sûr!

— Regarde celui-là, bébé...

— Magnifique! Il ressemble à Liberté, tu ne trouves pas? J'ai tellement hâte de monter à cheval de nouveau! Vais-je y arriver un jour, tu crois?

— J'en suis sûr. Tu fais des progrès, les médecins l'ont affirmé. La physiothérapie, c'est long; mais avec du courage, de la patience. et du "découping", tu monteras à cheval de nouveau, Nadia, tu y arriveras. Accroche-toi à ton objectif aussi bien qu'à ton cheval.»

Elle colle l'image sur un carton tout neuf.

«Attends un peu. Ajoute cette photo sur le cheval.»

De son portefeuille, il sort une photo.

— Tiens! Je ne voulais pas m'en séparer, mais c'est pour une bonne cause... J'en prendrai une autre dans l'album familial.»

— C'est une photo de Nadia à l'hôpital, la première fois où elle a fait quelques pas hésitants jusqu'au fauteuil, soutenue par son père et sa mère. En découpant la photo minutieusement, elle arrive à dégager les jambes et à en placer une de chaque côté du cheval. L'imagination aidant, ça devient tout à fait crédible. Le cheval a retrouvé sa cavalière.

Une chaleur agréable les accueille à leur descente d'avion. L'agence les avait prévenus: septembre est le mois idéal pour voir le Portugal. Vêtus d'habits blancs et la peau blanche, ils louent une voiture blanche, quittent l'aéroport dont les murs sont passés à la chaux, gagnent leur hôtel au bord de la mer, magnifique et... entièrement blanc! Ils y ont loué une petite suite... Fernande a dit: «Nous venons ici pour nous retrouver dans l'intimité, pas pour nous perdre dans des pièces trop grandes...» Leur chambre donne sur un balcon en alcôve; on sent l'Espagne tout près et sur la mer toute bleue, sous la lumière éclatante du ciel. Ah! La lumière, ici!

Comme deux enfants, ils laissent là leurs bagages à moitié défaits et se ruent pieds nus sur la plage. Après quelques minutes de course difficile dans le sable profond, ils se retrouvent hors d'haleine. En s'appuyant des deux mains sur leurs genoux tremblants, le souffle court, ils rient comme des fous: – *Le cœur a beau retrouver ses 18 ans, le corps lui...* – Un peu remis, ils reprennent leur promenade plus lentement, main dans la main, les pieds dans l'eau fraîche et caressante, sur un sable plus ferme...

Ils se rapprochent de beaux corps bronzés allongés au soleil. Soudain – il en a le souffle coupé – Armand découvre que les femmes ont le torse nu. Du coup il détourne le regard mais ses yeux reviennent sans cesse vers ces seins ronds et fermes, plats et allongés, petits ou gros, parfois même aux pointes dressées – il en devient fou!

Fernande a suivi son regard et fait alors une chose incroyable: dans un grand cri joyeux, elle retire sa camisole et l'attache autour de sa taille. Redressant le buste, le visage allumé d'un sourire conquérant, elle marche fièrement aux côtés d'Armand étonné, ses seins magnifiques ondulant au rythme de ses pas qui dansent, de ses hanches qui chaloupent avec une sensualité toute neuve.

Ils ont fait l'amour comme de fiers amants une bonne partie de la nuit. Ils ont dormi tard derrière les volets clos, moins touchés par la chaleur qui monte avec la lumière. Ils ont mangé des fruits et bu un café très fort sur leur balcon, à l'abri du soleil éclatant.

Ils roulent maintenant doucement dans leur petite décapotable, des chapeaux achetés au marché les protègent de ce soleil de plomb, sur une route en lacets qui épouse les courbes de la mer. Ils s'arrêtent dans les petits villages jalonnant la côte, humant les odeurs de fritures des petites tavernes, mêlées à celle du varech en provenance du large.

Armand veut absolument goûter aux sardines du Portugal. À la hauteur de leur réputation, elles occupent bientôt toute son assiette. Des sardines, ça? Il rit en pensant aux petites sardines en conserve qu'il se procure chez lui. Il faudrait une grande boîte pour y enfermer celles-là, qui sont en fait de véritables poissons dont on rehausse le goût avec de l'huile, un peu de citron et du sel de mer. C'est exquis!

Ils retrouvent aussi certains lieux visités autrefois, lors de leur premier voyage... Pourtant, rien n'est pareil... Cette grotte d'Algarve Sud, où ils avaient fait l'amour avec tant d'insouciance, reçoit aujourd'hui leurs pleurs et leurs cris. Car c'est ici qu'ils crèvent enfin l'abcès que la mort de leur fils Patrick avait occasionné. Ils se permettent enfin de libérer cette douleur déchirante, viscérale, qu'ils ont tous deux trop longtemps tue. Ils vivent enfin ensemble aujourd'hui le deuil de leur fils bien-aimé.

À travers ses sanglots, Armand confie:

— La vie nous a tellement malmenés!

— Oui, et ça laisse des marques, c'est impossible qu'il en soit autrement; des marques indélébiles, qui ne s'effaceront jamais...

— Pourtant, c'est curieux, je me sens mieux maintenant.»

Il touche sa poitrine du bout des doigts.

«Comme si quelque chose venait de se dénouer ici; un nœud étouffant.»

Armand découvre, à travers cette douleur enfin exprimée, le soulagement de la délivrance.

Un autre jour, arpentant un marché à ciel ouvert, bruyant et coloré, une jeune Portugaise rieuse, au regard ensorceleur, le frôle. Il lui fait un large sourire et la suit longtemps des yeux. Revenant à la chambre avec un gros pain, des olives noires amères, du fromage fort et un bon rouge du pays, il raconte l'incident à Fernande.

«Sais-tu ce que j'ai éprouvé? Je me suis donné la permission de la regarder et de la trouver belle... parce que j'avais déjà décidé de te le raconter en rentrant. Je me sens on ne peut plus normal de trouver les femmes belles. Surtout ici, avec leur peau de soleil, leurs yeux rieurs... Comme toi maintenant, Fernande... Et je n'ai pas à me sentir obligé de toutes les conquérir, même si parfois j'en aurais bien envie», ajoute-t-il en riant.

Il attend un peu, anticipe la réaction de Fernande...

«Moi aussi, Armand, je trouve normal que tu regardes les belles femmes. Tous les désirs peuvent se dire... même s'ils n'ont pas tous à être actualisés», ajoute-t-elle en souriant.

«Ne t'inquiète pas: ce n'est pas mon intention. C'est avec toi que j'ai envie de bâtir du solide et de continuer à communiquer comme nous avons commencé de le faire.

— ... Armand, j'ai aussi quelque chose à te raconter...»

Ça, Armand ne l'avait pas prévu. Ni la douleur immense des jours suivants. Fernande a eu un amant. Une aventure de quelques semaines. Elle y a définitivement mis fin à leur retour d'Atlanta. Armand a voulu tout savoir. Il a posé des questions très précises, parfois en criant, en pleurant, en suppliant. Fernande a refusé de répondre à ces questions-là, respectant ses propres limites.

«Se dire soi-même», Armand, ne signifie pas qu'il faille entrer dans des détails inutilement souffrants. L'important, c'est de rebâtir ensemble maintenant, sur du roc solide comme celui des falaises sur lesquelles nous nous promenons depuis notre arrivée.

Les jours suivants, Armand s'y promène seul. La mer étalée à ses pieds semble bien assez vaste pour recevoir ses doutes, ses peurs, son mal. Puis, ils ont repris leurs promenades à deux, main dans la main.

Ce soir-là à l'hôtel, ils reçoivent un coup de fil de Nadia. La semaine dernière, elle a trouvé la fermette de ses rêves et y a fait installer son cheval Liberté. Aujourd'hui, pour la première fois, avec l'accord des médecins, elle l'a monté.

«J'ai retrouvé mes jambes, papa! J'ai retrouvé mes jambes!»

Ému, il serre Fernande contre lui tandis que celle-ci colle son oreille sur le récepteur; il regarde alors sa femme et dit à sa fille:

«Ça tombe bien, bel amour, moi je viens de retrouver mon cœur.»

Épilogue

Objectif: Réussir!

*A*rmand gémit dans la salle de bains et Fernande se surprend à rire toute seule dans la cuisine. Nadia l'y rejoint, lui demande ce qui se passe.

«C'est ton père... Il a les fesses pleines de bleus!»

Elles pouffent de rire.

«Il aime vraiment faire de l'équitation?

— Je crois que oui... Mais parfois, je me demande si son plus grand plaisir n'est pas de se retrouver en compagnie de sa monitrice.»

Elles rient de nouveau.

«Alors? Comment va l'élève?

— Assez bien... Un peu gauche encore, mais quand il aura pris un peu plus d'assurance, il aura un certain style, je suppose.»

Armand arrive enfin.

«Alors mes femmes! Prêtes pour le grand lancement?

— Fin prêtes! Avons-nous respecté l'horaire?

— Tout à fait! Nous devrions nous y rendre pour l'heure.

— Malgré toute cette neige? Février est si rigoureux!

– Comme toujours, ma chérie. Mais les employés de la ville ont mis fin à leur grève depuis déjà deux mois et ils déblaient les rues avec zèle depuis...»

Plusieurs centaines de personnes sont venues au Musée national pour entendre un conférencier traiter de l'importance de se fixer des objectifs à la fois *personnels et professionnels* pour faire de sa vie une véritable réussite, question d'équilibre... En même temps, il procède au lancement de son plus récent livre.

À la pause, le trio se fraie un chemin vers lui et le surprend en train de rire comme un fou, juste au moment où il rappelle à son éditeur tout le chemin parcouru depuis la première version du livre, qu'il avait remise à l'insu de sa collaboratrice à la rédaction. Armand lui demande de dédicacer son propre exemplaire du livre. Soudain, il est de nouveau subjugué par cette ressemblance frappante qui le préoccupe depuis leur première rencontre, mais le conférencier l'interrompt aussitôt pour lui dire:

«Non, trois fois non, détrompez-vous! Je ne suis pas le frère de Gobelet![1]

– On vous fait souvent cette remarque, je suppose?

– Assez souvent, oui!

– Eh bien! au risque de répéter une autre remarque qu'on doit également vous servir fréquemment, je tiens à vous dire à quel point votre programme d'objectifs nous a permis de sauver les meubles chez nous!»

Armand hésite à peine avant de continuer.

«**Dans mon entreprise et dans ma famille...**

– J'éprouve du plaisir à vous l'entendre dire, monsieur Lajoie.»

Cette dernière remarque appartient à Marie-Christine. Elle tend la main à Armand. Celui-ci, arborant un sourire complice, lui pré-

---

1.   Personnage humoristique de la télévision québécoise.

sente sa femme et sa fille, puis, chacun regagne sa place. Armand lit la dédicace; elle le laisse songeur: *«L'équilibre est un objectif mouvant; il faut toujours savoir le remettre... en équilibre.»*

À la fin, ils ne ménagent pas leurs applaudissements. On fait au conférencier une ovation debout. Peu à peu, la salle se vide.

Marie-Christine et Miguël, le meilleur ami du conférencier, s'affairent à la logistique. De temps à autre, elle jette un regard oblique vers l'homme solitaire; il rassemble lentement ses papiers.

«Ça va?

— ... Bof!

Miguël fait un signe discret à Marie-Christine.

«Laisse tomber, je vais terminer...

— Mais non, voyons...

— Si, si, si...»

D'un mouvement de la tête, il lui désigne le conférencier.

«Va le rejoindre. Tu sais comment il se sent toujours après une conférence.»

Elle lui sourit et monte à son tour sur la scène. C'est toujours un peu effrayant de le voir là, comme ça, seul dans cette salle vide où résonnent encore les applaudissements.

«Coucou!»

Il lève la tête.

«Coucou!»

Du haut de la scène, il contemple les fauteuils vides... abandonnés... Rien à faire: le sentiment de délaissement le rattrape inévitablement à la fin de ces rencontres, qui sont par ailleurs tellement nourrissantes. Des rejets tragiques, il y en a eu tellement dans sa vie...

«Ça ira?»

Il lui sourit, passe un bras autour de sa taille. Elle en profite pour passer le sien autour de son cou. Ils échangent un regard doux et complice.

«Ton syndrome d'abandon te rattrape?

— Oui, comme toujours... Ce sentiment m'habitera en permanence. J'ai appris à me «responsabiliser» face à cette blessure. Au fond, c'est simple: on m'a abandonné si souvent dans ma vie, j'ai un tel besoin d'être reconnu... aimé... Tu vois, j'ai choisi la bonne carrière pour me nourrir! Et puis, tu sais à quel point je me sens également «énergisé» après de telles soirées!»

Se tenant par la taille, ils font quelques pas... Elle demande:

«C'est pour quelle heure l'avion, demain?

— Il faut être à l'aéroport à 15 h 20; l'avion décolle à 18 h 20.

— Des vacances bien méritées!

— Ah oui!

— Ça va faire du bien de se retrouver au soleil...

— Hum! Tu vois, ce soir j'ai atteint un objectif professionnel. Demain, assis dans l'avion à côté de toi, j'aurai atteint un objectif personnel...

— Tu étais excellent, une fois de plus...

— Merci!»

Coquine, elle ajoute:

«J'aime bien te voir atteindre tes objectifs...

"Martin Gray disait: On enseigne toujours ce qu'on a le plus besoin d'apprendre..." Un jour à la fois, je m'efforce de mettre en pratique ce que j'enseigne...»

Ils ont laissé la vitre baissée entre Raymond et eux. Depuis que Nadia leur a montré ce bout de papier – elle l'a toujours sur elle – remis par leur chauffeur Raymond, cet être d'exception – quand il est allé lui rendre visite à l'hôpital d'Atlanta. Tous considèrent Raymond comme un membre de la famille. Nadia le relit encore maintenant, en route vers le chalet de Saint-Sauveur, dans les Laurentides: – Mon Dieu, donne-moi la **SÉRÉNITÉ** d'accepter les choses que je ne peux changer, le **COURAGE** de changer les choses que je peux, et la **SAGESSE** d'en connaître la différence.

C'est la prière remise aux membres des A.A. (Alcooliques anonymes). Raymond a fêté récemment son quatorzième anniversaire de sobriété. Ils étaient tous à la fête et ils ont partagé le gâteau avec lui. Ils savent à présent d'où lui vient sa sagesse: du fond de sa souffrance. Il a transformé un échec en succès... Il écoute d'une oreille attentive le bavardage de ses trois passagers, heureux de sentir s'installer entre eux l'équilibre et l'harmonie.

Fernande montre à Armand ses projets de décoration pour leur nouveau condo parisien. Ils voyagent maintenant ensemble de la ville aux cent clochers à la Ville lumière...

«Aimerais-tu reproduire à Paris le même aquarium géant que dans ton bureau à Montréal?

— Excellente idée! Si ça ne t'ennuie pas, chérie, je vais commencer tout de suite la lecture du livre que j'ai acheté tout à l'heure à la conférence?

— Pas du tout, j'ai de quoi m'occuper l'esprit... avec mes visualisations positives.

Armand se cale encore plus confortablement sur la banquette, passe sa main sur la couverture glacée du livre, et prend le temps de goûter le titre avant d'en entamer la lecture...

«Monsieur Lajoie?

— Oui, Claudette.

— Monsieur Richard Massé, pour vous, au bout du fil.»

— ...

Bibliographie

ACHTERBERG, J. (1985). *Imagery in healing: Shamanism and modern medecine.* Boston: Shambhala.BANDURA, A. (1986). *Social foundations of thought and action: a social-cognitive theory.* Englewood Cliffs, NJ: Prentice-Hall.

ALLEN, James (1978). *L'homme est le reflet de ses pensées.* Saint-Hubert, éditions Un monde différent ltée.

ANDERSON, M.P. (1981). *Assessment of imaginal processes: approaches and issues.* In T.V. Merluzzi, C.R. Glass, & M. Genest (Eds.), Cognitive assessment (pp.149-187). New York: Guilford Press.

ATKINSON, J.W. (1964). *An introduction to motivation.* Princeton, NJ: Van Nostrand

BANDURA, A. (1986). *Social foundations of thought and action: a social-cognitive theory.* Englewood Cliffs, NJ: Prentice-Hall.

BANDURA, A. & CERVONE, D. (1986). *Self-evaluative and self-efficacy mechanisms governing the motivational effects of goal systems.* Journal of personality and social psychology, 45, 1017-1028.

BAKER, F.C., WHTING, H.T.A. & VAN DER BRUG, H. (1992). *Psychologie et pratiques sportives.* Paris: Vigot

BETTS, G.H. (1909). *The distribution and functions of mental imagery,* New York: Teachers College, Columbia University.

BLAKESLEE, T.R. (1980). *The right brain,* New York: Anchor Press.

BLONDIN, J. P. (1992). *Motivation et émotions,* Notes de cours, Université de Montréal.

BRIEF, A.P. & HOLLENBECK, J.R. (1985). *An exploratory study of self-regulation activities and their effects on job performance,* Journal of occupational behavior, 6, 197-208.

BURKE, K., DeFRANCESCO, C., & SIMMONS, S. (1993). *Performance strategies used in professional tennis: a descriptive investigation,* AAASP Conference, Montréal.

BURTON, D. (1993). *Goal setting in sport.* In R.N. Singer (Éd.) et al, Handbook of research on sport psychology, New York: Macmillan.

CHIDESTER, T.R. & GRIGSBY, W.C. (1984). *A meta-analysis of the goal setting performance literature.* In J.A. PEARCE & R.B. Robinson, (Eds), Academy of management proceedings, 202-206. Ada, OH: Academy of Management.

CLAUDILL, D., WEINBERG, R. & JACKSON, A. (1983). *Psyching-up and track athletes: a preliminary investigation,* Journal of sport psychology, 5, 231-235.

DECI, E.L. (1975). *Intrinsic motivation.* New York: Plenum.

DRUCKER, P.F. (1954). *The practice of managenement.* New York: Harper.

EARLY, P.C. & LITUCHY, T.R. (1991). *Delineating goal and efficacy effects: a test of three models,* Journal of applied psychology, 76(1), 81-98.

EPSTEIN, M.L. (1990). *The relationship of mental imagery and mental rehearsal to performance on a motor task*, Journal of sport psychology, 2, 211-220.

EREZ, M. (1977). *Feedback: a necessary condition for the goal setting-performance relationship*, Journal of applied psychology, 62, 624-627.

FELTZ, D.L. & LANFERS, D.M. (1983). *The effects of mental practice on motor skill learning and performance: a meta-analysis.* Journal of sport psychology, 5, 25-27.

FORTIN, C. & ROUSSEAU, R. (1989). *Psychologie cognitive: une approche du traitement de l'information*, Québec: Presses de l'Université du Québec.

FRANKEL, A. & SNYDER, M.L. (1978). *Poor performance following unsolvable problems: learned helplessness or egotism* ? Journal of personality and social psychology, 36, 1415-1423.

FRAYNE, C.A. & LATHAM, G.P. (1987). *Application of social learning theory to employee self-management of attendance.* Journal of applied psychology, 72, 387-392.

FRAYNE, C.A. & GERINGER, M. (1990). *Self-management practices and performance of internation joint venture general managers.* Paper presented at the annual meeting of the Academy of Management, San Francisco.

FREEDMAN, S.M. & PHILLIPS, J.S. (1988). *Goal utility, task satisfaction and the self-appraisal hypotheis of type a behavior.* Management Departement, University of Houston, unpublished manuscript.

FREUD, S. (1920). *Introduction à la psychanalyse.* Paris: Payot.

GOFF, K. TORRANCE, E.P. (1991). *Healing qualities of imagery & creativity*, Journal of creative behavior, 25(4), 296-303.

GREEN, E. & GREEN, A. (1977). *A beyond biofeedback.* San Francisco: Delacorte Press.

GREENWOOD, R.G. (1981). *Management by objectives*: as developed by Peter Drucker, assisted by Harold Smiddy, Academy of management review, 6, 225-230.

HARRIS, D.V. & ROBINSON, W.J. (1986). *The effects of skill level on EMG activity during internal and external imagery*, Journal of sport psychology, 8, 105-111.

HECKER, J.E. & KACZOR, L.M. (1988). *Application of imagery theory to sport psychology: some preliminary findings*, Journal of sport and exercise psychology, 10, 363-373.

HOLLENBECK, F.R., WILLIAMS, C.R. & KLEIN, H.J. (1989). *An empirical examination of the antecedents of commitment to difficult goals.* Journal of applied psychology, 74, 18-23.

HULL, C. (1943). *Principles of behavior.* Englewood Cliffs, NJ: Prentice-Hall.

HUNTER, J.E. & SCHMIDT, F.L. (1983). *Quantifying the effects of psychological interventions on employee job performance and work force productivity.* American psychologist, 38, 473-478.

IMAI, M. (1986). *Kaizen: the key to Japan's competitive success*, New York: Random House.

INGLEHART, M.R., MARKUS, H. & BROWN, D.R. (1989). *The effects of possible selves on academic achievement: a planel study.* In J.P. Forgas & J.M. Innes (eds), Recent advances in social psychology: an international perspective, North-Holland: Elsevier Science Publishers B.V.

JAFFE, D.T. (1981). *Healing from within, NYC: Knopf.*

JAFFE, D.T. & BRESLER, D.E. (1984). *Guided imagery: healing through the mind's eye.* In J.S. Gordon, D.T. Jaffe & D.E. Bresler (eds.), *Mind, body and health, NYC: Human science press.*

JOWDY, D.P. & HARRIS, D.V.(1990). *Muscular responses during mental imagery as a function of motor skill level.* Journal of Sport & Exercise Psychology, 12, 191-201.

KANFER, R. & ACKERMAN, P.L. (1989). *Motivation and cognitive abilities: an integrative aptitude-treatment interaction approach to skill acquisition.* Journal of applied psychology, 74, 657-690.

KERNAN, M.C. & LORD, R.G. (1989). *The effects of explicit goals and specific feedback on escalation processes,* Journal of applied social Psychology, 19, 1125-1143.

KLEIN, H.J. (sous-presse). *Further evidence on the relationship between goal setting and expectancy theories,* Organizational behavior and human decision processes.

KORN, E.R. & JOHNSON, K. (1983). *Visualization: the uses of imagery in the health professionals.* Homewood, IL: Dow Jones-Irwin.

LANDY, F.J. (1989). *Psychology of work behavior.* Pacific Grove, CA: Cole Publishinig Compagny.

LANNING, W. & HISANGA, B. (1983). *A study of the relationship between the reduction of competitive anxiety and an increase in athletic performance,* International journal of sport psychology, 14, 219-227.

LATHAM, G.P. & LOCKE, E.A. (1991). *Self-regulation through goal setting,* Organizational behavior and human decision processes, 50, 212-247.

LATHAM, G.P., MITCHELL, T.R., & DOSSETT, D.L. (1978). *Importance of participative goal setting and anticipated rewards on goal difficulty and job performance,* Journal of applied psychology, 63, 163-171.

LEE, C., BOKKO, P., EARLEY, P.C. & LOCKE, E.A. (sous presse). *An empirical analysis of goal setting questionnaire,* Journal of organizational behavior.

LEE, C. (1990). *Psyching up for a muscular endurance task: effects of image content on performance and mood state,* Journal of sport and exercise psychology, 12, 66-73.

LOCKE, E.A. (1968). *Toward a theory of task motivation and incentives,* Organizational Behavior and Human Performance, 3, 157-189.

LOCKE, E.A. (1976). *The nature and causes of job satisfaction,* In M. Dunnette (Ed.), Handbook of industrial and organizational psychology, Chicago: Rand McNally.

LOCKE, E.A., CARTLEDGE, N. & KŒPPEL, J. (1968). *Motivational effects of knowledge of results: a goal-setting phenomenon?* Psychological Bulletin 70, 474-485.

LOCKE, E.A. & LATHAM, G.P. (1991). *Self-regulation through goal setting.* Organizational behavior and human decision processes, 50, 212-247.

LOCKE, E.A. FREDERICK, E., LEE, C. & BOBKO, P. (1984). *Effect of self-efficacy, goals, and task strategies on task performance,* Journal of applied psychology, 69, 241-251.

LOCKE, E.A. & LATHAM, G.P. (1990). *A theory of goal setting and task performance,* Prentice-Hall: Englewood CLiffs, NJ.

MACE, C.A. (1935). *Incentives: some experimental studies.* Industrial Health Research Board (Great Britain), No. 268, 119-131.

MAHONEY, M.J. & AVENER, M. (1977). *Psychology of the elite athlete: an exploratory study.* Cognitive therapy and research, 1, 135-141.

MANDINO, OG (1979). *Le plus grand miracle du monde.* Saint-Hubert. Les éditions Un monde différent ltée.

MARKUS, H. & NURIUS, P. (1986). *Possible selves, American psychologist,* 24, 41, 954-969.

MARTENS, R. (1982). *Imagery in sport.* Unpublished paper presented at the medical and scientific aspects of elitism in sport conference, Brisbane, Australia.

McCLELLAND, D.C. (1961). *The achieving society,* Princeton, NJ: Van Nostrand.

McKELLAR, P. (1972). *Imagery from the standing point of introspection.* In P.W. Sheehan (Eds.), *The function and nature of imagery.* New York: Academic Press.

MEYERS, A.W., SCHLESER, R., OKWUMABUA, T.M. (1982). A cognitive behavioral intervention for improving basketball performance. Research Quarterly for exercise and sport, 53, 344-347.

MASLOW, A.H. (1943). *A theory of motivation.* Psychological Review, 50, 370-396.

MENTO, A.J., LOCKE, E.A. & KLEIN, H.J. (1990). *The relation of goal level to valence and instrumentality,* Unpublished manuscript, College of Business, Loyola College, Baltimore.

MENTO, A.J., STEEL, R.P. & KARREN, R.J. (1987). *A meta-analytic study of the effects of goal setting on task performance* : 1966-1984. Organizational behavior and human decision processes, 39, 52-83.

MOSSHOLDER, K. W. (1980). *Effects of externally mediated goal setting on intrinsic motivation: a laboratory experiment,* Journal of applied psychology, 65, 202-210.

ORLICK, T. (1990). *In pursuit of excellence.* Champaign, Illinois: Leisure Press.

OYSERMAN, D. & MARKUS, H. (1990). *Possible selves and delinquency,* Journal of personality and social psychology, 59, 112-125.

PELLETIER, K.R. (1977). *Mind as a healer, mind as slayer,* NYC: Delta.

PHILIPPE, N. (1988). *Changer par la visualisation,* Editions Retz: Paris.

POWELL, G.E. (1973). *Negative and positive mental practice in motor skill acquisition.* Perceptual and motor skills, 37, 312.

RAND, A. (1990). *Introduction to objectivist epistemology.* New York: New American Library.ROSSMAN, M.L. (1987). *Healing yourself.* NYC: Walker & Co.

RUVOLO, A.P. & MARKUS, H.R. (1992). *Possible selves and performance: the power of self-relevant imagery,* Social cognition, 10(1), 95-124.

RYAN, T.A. (1970). *Intentional behavior,* New York: Ronald Press

ROBERTS, G.C. (1989). *When motivation matters: the need to expand the conceptual model.* In J.C. Skinner, C.B. Corbin, D.M. Landers, P.E. Martin & C.L. Wells (Eds) Future direction in exercise/sport research (pp.77-84). Champaign, IL: Human Kinetics.

RYLE, G. (1949). *The concept of mind.* New York: Barnes & Nobles.

SADRI, G. & ROBERTSON, I.T. (1993). *Self-efficacy and work related behaviour: a review and meta-analysis,* Applied psychology: an international review, 42(2), 139-152.

SKINNER, B.F. (1974). *About behaviorism.* New York: Knopf.

SAMUELS, M. & SAMUELS, N. (1975). *Seeing with mind's eyes, NYC : Random House Bookworks.*

SHICK, J. (1970). *Effects of mental practice in selected volleyball skills for college women,* Research Quaterly, 51,88-94.

SCHUNK, D.H. (1990). *Goal setting and self efficacy during self regulated learning.* Educational psychologist, 25(1), 75-86.

SIMONTON, O.C. & MATTHEWS-SIMONTON, S. (1984). *A psychophysiological model of intervention in the treatment of cancer.* In Gordon, D.T. Jaffe & D.E. Bresler (eds.), *Mind, body and health,* NYC: Human science press.

SINGER, J.S. (1974). *Imagery and daydream methods in psychotherapy and behavior modification.* NYC: Academic Press.

SMITH, R.E. (1989). *Applied sport psychology in an age of accountability,* Journal of applied sport psychology, 1, 166-180.

SNYDER, M.L., STEPHEN, W.G. & ROSENFIELD, D. (1978). *Attributional egotism.* In J.H. Harvey, W.J. Ickes & R.F. Kidd (eds.), *New directions in attribution research* (Vol 2), Hillsdale, NJ: Erlbaum.

START, K.B. & RICHARDSON, A. (1964). *Imagery and mental practice*, British Journal of ducational Psychology, 34, 280-284.

SUINN, R. (1993), Imagery. In R. N. Singer, M. Murphey, & L.K. Tennant (Eds.), *In Handbook of Research on Sport Psychology*. New York: Macmillan Publishing Company.

SUINN, R.M. (1972). *Behavioral rehearsal training for ski racers, Behavior therapy*, 3,519.

SUINN, R. (1977). *Behavioral methods at the Winter Olympic Games, Behavior Therapy*, 8, 283-285.

SUINN, R.M. (1980). *Psychology and sport performance: principles and applications* (pp.26-36). Minneaspolis, MN: Burgess.

SUINN, R.M. (1982). *Imagery and sports*. In A Sheikh (ed.), *Imagery, current theory, research and application* (pp 507-534). New York: John Wiley & Sons.

SUINN, R. (1984). *Visual motor behavior rehearsal: the basic technique*. Scandinavian Journal of behaviour therapy, 13, 131-142.

SUINN, R. (1985). *Imagery rehearsal applications to performance enhancement, The behavior therapist*, 8, 155-159.

STEVENS, CK., BAVETTA, A.G. & GIST, M.E. (1993). *Gender differences in the acquisition of salary negociation skills: the role of goals, self-efficacy and perceived control*, Journal of applied psychology, 78(5), 723-735.

TAYLOR, F.W. (1967). *Principles of Scientific Management*, New York: Norton (originally published in 1911).

THOMAS, R. (1993). *La préparation en psychologie*. In J.P. Famose, Cognition et performance, Paris: INSEP Publications.

TORRANCE, E.P., CLEMENTS, C.B. & GOFF, K. (1989). *Mind-body learning among the elderly: arts, fitness, incubation*. Educational Forum, 54(1), 123-133.

TUBBS, M.E. (1986). *Goal setting: a meta-analytic examination of the empirical evidence*, Journal of applied psychology, 71, 474-483.

VEALEY, R.S. (1986). *Imagery training for performance enhancement*. In J.M. Williams (ed.), Applied sport psychology: personal growth to peak performance, Palo Alto, California: Mayfield.

WEINBERG, R.S. (1982). *The relationship between mental preparation strategies and motor performance : a review and critique*, Quest, 33,728-734.

WEINBERG, R.S., SEABOURNE, T.G. & JACKSON, A. (1981). *Effects of visuo-motor behavior rehearsal, relaxation and imagery on karate performance*, Journal of sport psychology, 3,28-238.

WELDON, E. MARTZKE, K.A. & PRADHAN, P. (1990). *Processes that mediate the relationship between a group goal and improved group performance*. Unpublished manuscript, Kellog Graduate School of Mandagement, Northwestern University.

WHITE, K.D., ASHTON, R. & LEWIS, S. (1979). *Learning a complex skill: effects of mental pratice, physical practice and imagery ability*. International journal of sport psychology, 10,71-78.

WHITE, S.E., MITCHELL, T.R. & BELL, C.H. (1977). Goal setting, evaluation apprehension and social cues as determinants of job performance and job satisfaction in a stimulated organization, Journal of applied psychology, 62, 665-673.

WILLARD, R.D. (1977). *Breast enlargement through visual imagery and hypnosis*, American journal of clinical hypnosis, 19,195-200.

WOOD, R.E., MENTO, A.J. & LOCKE, E.A. (1987). *Task complexity as a moderator of goal effects: a meta-analysis*, Journal of applied psychology, 72, 416-425.

WOOD, R.E. & BANDURA, A. (1989). *Social cognitive theory of organizational management,* Acedemy of manangement review, 14(3), 361-384.

WOOLFOLK, R.L., MURPHY, S.M., GOTTESFELD, D. & AITKEN, D. (1985). *Effects of mental rehearsal of task motor activity and mental depiction of task outcome on motor skill performance,* Journal of sport psychology, 7, 191-197.

WOOLFOLK, R.L., PARRISH, M.W. & MURPHY, S.M. (1985). *The effects of positive and negative imagery on motor skill performance,* Cognitive therapy and researh, 9,335-341.

WEINER, B. (1986). *An attributional theory of motivation and emotion.* New York: SSSP.

WEINER, B. (1992). *Human motivation: metaphors,* theories and research, Newbury Park, Ca: SAGE Publications.

Annexe sur l'auteur

Les conférences de Richard Durand revêtent un attrait certain. Elles sont un excellent moyen d'ajouter de l'intérêt à vos événements de tous genres.

Richard Durand peut préparer pour vous des conférences sur mesure ainsi que des séminaires sur la gestion des objectifs afin d'atteindre vos objectifs précis et déterminés selon les thèmes de votre choix.

Pour communiquer avec lui:

Par téléphone: (514) 629-7515
Par télécopieur: (514) 663-6791
Par courrier internet: *durand@laval.com*
Visitez son site Internet: http://www.matin.qc.ca/durand

☐ Oui, faites-moi parvenir le catalogue de vos publications et les informations sur vos nouveautés

☐ Non, je ne désire pas recevoir votre catalogue mais seulement les informations sur vos nouveautés

OFFRE SPÉCIALE

OFFRE SPÉCIALE

OFFRE D'UN CATALOGUE GRATUIT

Nom: _____

Profession: _____

Compagnie: _____

Adresse: _____

Ville: _____ Province: _____

Code postal: _____

Téléphone: (___)_____ Télécopieur: (___)_____

DÉCOUPEZ ET POSTEZ À:

Pour le Canada: Les éditions Un monde différent ltée
3925, Grande-Allée, Saint-Hubert,
Québec, Canada   J4T 2V8

Pour la France: JLV
Boîte postale 94
77402 LAGNY sur MARNE (France)